Verein zur Förderung der Forschungsstelle für Europäisches und Deutsches Lebens- und Futtermittelrecht an der Philipps-Universität zu Marburg e.V.

17. und 18. Symposium zum Lebensmittelrecht 2023 und 2024

Werbung mit Nachhaltigkeit, Kontrolle des Onlinehandels, Verpackungsrecht

Herausgeber

Verein zur Förderung der Forschungsstelle für Europäisches und Deutsches Lebens- und Futtermittelrecht an der Philipps-Universität zu Marburg e.V.

Fachmedien Recht und Wirtschaft | dfv Mediengruppe | Frankfurt am Main

Schriftenreihe des Fördervereins der Marburger Forschungsstelle für Lebensmittelrecht; Tagungsband

Herausgeber: **Verein zur Förderung der Forschungsstelle für Europäisches und Deutsches Lebens- und Futtermittelrecht an der Philipps-Universität zu Marburg e.V.**

Erste Vorsitzende: RAin Angelika Mrohs

Sprecher der Forschungsstelle: Prof. Dr. Wolfgang Voit

Bibliografische Information Der Deutschen Nationalbibliothek

Die Deutsche Nationalbibliothek verzeichnet diese Publikation in der Deutschen Nationalbibliografie; detaillierte bibliografische Daten sind im Internet über http://dnb.de abrufbar.

ISBN 978-3-8005-1938-5

dfv Mediengruppe

www.ruw.de

Druck: WIRmachenDRUCK GmbH, Backnang

Printed in Germany

Inhaltsverzeichnis

Vorwort

Der vorliegende Doppelband umfasst Vorträge aus den Marburger Symposien zum Lebensmittelrecht, die in den Jahren 2023 und 2024 von der Forschungsstelle für Europäisches und Deutsches Lebensmittelrecht gemeinsam mit dem Hessischen Ministerium für Umwelt, Klimaschutz, Landwirtschaft und Verbraucherschutz bzw. mit dem Hessischen Ministerium für Landwirtschaft und Umwelt, Weinbau, Forsten, Jagd und Heimat veranstaltet wurde.

Im Jahr 2023 standen Aussagen zur Klimaneutralität und Nachhaltigkeit im Mittelpunkt des ersten Teils der Veranstaltung. Der Wunsch der Verbraucherinnen und Verbraucher, ihren Konsum mit Umweltgesichtspunkten zu vereinbaren, lässt diese sehr gern an die Wahrheit derartiger Aussagen glauben. Umso wichtiger ist es, den rechtlichen Rahmen für derartige Behauptungen klar abzustecken. Ein wichtiger Baustein dazu war die Entscheidung des Bundesgerichtshofs vom 27.6.2024, die dankenswerterweise in die Druckfassung des Vortrags noch eingearbeitet wurde. Ein zweiter, ebenfalls sehr aktueller Schwerpunkt betraf die Nährwertkennzeichnung und Nährwertprofile. Die staatliche Regulierung tritt beim Kinderwerbeverbot für zuckerhaltige Produkte besonders klar zutage, aber auch die „weichere" Einflussnahme über den Nutri-Score hat erhebliche Bedeutung. Wenig beleuchtet wurden dabei die Folgen, die sich für Unternehmen aus der Änderung der Einstufungskriterien ergeben. Wollen sie ihren Status nicht verlieren, so müssen erneut Rezepturen mit hohem Aufwand angepasst werden. Ein Vortrag zur praktischen Umsetzung des Lieferkettensorgfaltsgesetzes rundet diese Veranstaltung ab.

Die Auswirkungen des neuen Verpackungsrechts wurden im Symposium 2024 behandelt. Sie erfordern nicht nur erhebliche Anpassungen durch die Unternehmen, die in höherem Maße für die Verpackung ihrer Produkte verantwortlich sind, sondern stellen auch die Überwachung vor neue Herausforderungen. Erhebliche Überwachungsprobleme wurden auch im Zusammenhang mit dem Onlinehandel diskutiert. Sie beginnen mit der Kontrolle einer kaum mehr fassbaren Zahl von Pakten, die aus dem außereuropäischen Ausland an einem Großflughafen eintreffen. Sie betreffen aber auch die vielen Anbieter, die ihre Waren über digitale Marktplätze vertrieben. Die technische Entwicklung verläuft rasant, so dass die rechtlichen Regulierungsmöglichkeiten ihr kaum gerecht werden können. Nur langsam werden die Instrumente geschaffen, die für die Überwachung zwingend erforderlich sind – und doch bleiben die Möglichkeiten sehr begrenzt, wenn als Versandadresse für eine im Onlinehandel bestellte Probe die Dienstadresse angegeben werden muss. So erlaubten die Vorträge und die Diskussionen auch einen Blick auf die ganz alltäglichen, aber nicht minder wichtigen Probleme der Überwachung. Aber auch der traditionell zivilrechtlich geprägte Schutz des Wettbewerbs hinkt den Entwicklungen im E-Commerce hinterher. Schwierige Zurechnungsfragen wie etwa die Haftung für Affiliates sind hier nicht ausreichend geklärt.

Die Veranstaltungen zeigten wiederum, wie wichtig und hilfreich der Austausch auf den Symposien ist, denn die rechtliche Rahmensetzung und ihre sachgerechte Auslegung kann nur gelingen, wenn die Probleme der Praxis bedacht und aufgegriffen werden.

Januar 2025 Prof. Dr. Wolfgang Voit

17. Symposium zum Lebensmittelrecht 2023

Welche Bedeutung haben Werbeaussagen zur Klimaneutralität und Nachhaltigkeit für Unternehmer und Verbraucher?

Prof. Dr. Achim Spiller

Nahrungsmittelproduktion steht heute global für rund 1/3 der Treibhausgas-Emissionen (Crippa et al. 2021). Je nach Naturraum und Produktionsverfahren gibt es zusätzlich starke Auswirkungen auf Biodiversität, Wasserhaushalt und Bodenqualität (Ankarstig 2022); planetare Grenzen sind teils bereits überschritten.

Das Beispiel Klimabelastung durch unseren Ernährungsstil zeigt (Chen et al. 2019), dass wir in Deutschland ca. jährlich Ø 2t CO2Äq pro Kopf verursachen. Bei einer klimabewussten Ernährung könnte die Treibhausgasbelastung auf ca. 1t CO2Äq reduziert werden. Wer viele klimaschädliche Produkte isst, kann auch mehr als 3t CO2Äq pro Jahr mit seiner Ernährung verursachen. Verbraucher:innen können diese Treibhausgas-Emissionen nicht wirklich einschätzen – sie haben dafür keine Intuition, können die Größenordnungen nicht einordnen. Sie überschätzen Transport und Verpackung (Jürkenbeck et al. 2019) und unterschätzen z. B. die Relevanz der Landwirtschaft (Methan- u. Lachgasproblematik) (Camilleri et al. 2019).

Deshalb ist eine Transparenz über relevante Umweltwirkungen entlang der Wertschöpfungskette erforderlich, wenn die Menschen zu einer umweltfreundlichen Ernährung mitgenommen werden sollen. Diese Transparenz entsteht aber im Markt nicht von sich heraus. Umweltfreundlichkeit ist eine für die Verbraucher:innen nicht selbst einschätzbare Vertrauens- bzw. Prozesseigenschaft. Das hohe Maß an Informationsasymmetrie verlangt staatliches Handeln. Das Ausmaß des heutigen Greenwashings behindert die Nachhaltigkeitstransformation und engagierte Unternehmen.

Die in unserer Studie für die Verbraucherzentralen und den vzbv (https://www.vzbv.de/sites/default/files/2023-03/22-01-15_Grüne-Marketingclaims.pdf) aufgedeckten deutlichen Effekte unregulierter, häufig vager und unbestimmter Green Claims gefährden die Glaubwürdigkeit umweltengagierter Unternehmen und erschweren eine klima- beziehungsweise umweltfreundliche Lebensmittelwahl der Verbraucher:innen. Aus diesem Grund ist die auf EU-Ebene vorgesehene Weiterentwicklung des Rechtsrahmens zur Regulierung grüner Werbeaussagen grundsätzlich zu befürworten.

Unsere Studie zeigt an einer Vielzahl von Beispielen, dass grüne Marketingclaims Verbraucher:innen bei der Klima- beziehungsweise Umwelteinschätzung von Lebensmitteln beeinflussen. Auch Claims, die sich auf partielle oder fachlich umstrittene Umweltvorteile beziehen und nicht sicherstellen, dass das Produkt insgesamt umweltverträglich ist, lösen Umwelt-Halo-Effekte aus. Von einem Umwelt-Heiligenschein-(engl. *halo*)Effekt spricht die Forschung, wenn aus einer einzelnen Umwelt-Teildimension (zum Beispiel kompostierbar, plastikfrei etc.) auf die Gesamtumweltfreundlichkeit geschlossen wird. Der Umwelt-Heiligenschein-Effekt ist weniger problematisch, wenn die ausgelobte Eigenschaft die Gesamtumweltfreundlichkeit verbessert; aber er stellt Greenwashing dar, wenn die Eigenschaft keinen oder keinen relevanten Beitrag zur Gesamtumweltfreundlichkeit liefert. Mangels entsprechender Daten zur Gesamtumweltfreundlichkeit (Life-Cycle-Assessment) ist die Frage, ob ein Green Claim gerechtfertigt ist, von außen derzeit kaum einzuschätzen.

Die von der EU vorgeschlagenen Regelungen greifen zur Verhinderung von Greenwashing allerdings zu kurz. Sie gehen in weiten Teilen nicht substanziell über die in Deutschland schon bestehende Rechtsprechung hinaus und fokussieren im Wesentlichen auf einer Substanziierung durch zusätzliche Erläuterungen. Deren Wirkung wird aber – so das klare Ergebnis der vorliegenden Studie – überschätzt. Diese sog „*-Hinweise“ sind kein wirkungsvoller Beitrag zu einem besseren Verbraucherverständnis. Klarstellende Erklärungen stoßen bei komplexen Sachverhalten wie Umwelt- und Klimaschutz an Grenzen und führen nicht zur Verhinderung von Fehlwahrnehmungen.

Um die von Verbraucher:innen wie Politik gewünschte Transparenz über klima- und umweltbezogene Eigenschaften von Lebensmitteln herzustellen, bedarf es einer Umweltkennzeichnung, die zentrale Umweltwirkungen eines Produkts lebenswegübergreifend berücksichtigt und eine gesamtökologische Einschätzung ermöglicht. Greenwashing wird sich nur eindämmen lassen, wenn Klima- und Umweltaussagen an ein valides Bewertungssystem für Umweltleistungen gekoppelt werden. Dazu gibt es derzeit in der EU eine Reihe spannender Entwicklungen. Allerdings ist die Politik in Deutschland bisher wenig engagiert.

Angesichts der Studienergebnisse empfehlen wir, auch mit Verweis auf die Erfahrungen aus der Nährwertkennzeichnungsdiskussion, folgende Maßnahmen:

- Die EU-weite Einführung von Umweltpflichtangaben auf Basis des gesamten Lebenszyklus (zum Beispiel Klima-, Wasser-, Flächenfußabdruck) zur evidenzbasierten Information über zentrale Umweltwirkungen. Solche Werte werden in der Breite schlecht verstanden (siehe Ergebnisse zum exakten Klimafußabdruck), aber sind ähnlich wie die Big 7 als Hintergrundinformation und für engagierte Verbraucher:innen wichtig.
- Zur vereinfachten Darstellung und Interpretation der Umweltwirkungen sollte ein verpflichtendes staatliches Klima- beziehungsweise Umweltlabel (vergleichbar zum Nutri-Score oder zur Energiekennzeichnung) als Front-of-Package-Zeichen eingeführt werden.
- Grüne Marketingclaims sollten – sofern sie nicht grundsätzlich untersagt werden – nur nach Zulassung und nur für solche Lebensmittel vergeben werden, die gesamtökologisch vorteilhaft sind (um Halo-Effekte zu begrenzen).
- Produktbezogene Werbung mit Klimaneutralität und anderen Kompensationsaussagen sollte untersagt werden, da die Aussagen häufig fehlinterpretiert werden, zu einer Unterschätzung des Klimafußabdrucks relativ klimaschädlicher Produkte führen und erklärende Erläuterungen das Verständnis nicht verbessern.

Rechtliche Grenzen für Werbeaussagen zur Klimaneutralität und Nachhaltigkeit

Dr. Lisa Feuerhake

I. Einführung

Die Werbung mit Aussagen zur Umweltfreundlichkeit und Klimaneutralität von Lebensmitteln sowie zur Nachhaltigkeit der Produkte hat in den letzten Jahren erheblich zugenommen. Kaum eine Verpackung, kaum ein Unternehmen, das nicht mit Nachhaltigkeit wirbt. Die Bandbreite der Aussagen geht von „der echte Geschmack der Nachhaltigkeit“ bis hin zu „umweltfreundlicherer Becher“. Tatsächlich stehen dahinter häufig große Anstrengungen der Unternehmen, den CO_2-Fußabdruck bei der Herstellung und Distribution von Lebensmitteln zu verringern. Dies kann durch Optimierung der Abläufe im Unternehmen erfolgen, so dass von vornherein weniger Kohlenstoffdioxid anfällt. Eine andere Alternative ist die Verbesserung der Klimabilanz durch den Erwerb von Klimazertifikaten und die Unterstützung von Klimaschutzprojekten. Dabei spielt auch der Gedanke „tue Gutes und sprich darüber“ eine erhebliche Rolle.

Die Europäische Kommission hat allerdings in Umfragen festgestellt, dass eine Vielzahl der sog. „Green Claims“, die sich mit Klimaneutralität, Nachhaltigkeit oder Umweltfreundlichkeit eines Produktes beschäftigen, nicht den Anforderungen an Transparenz und Klarheit genügt und für den Verbraucher irreführend ist. Der diesem Beitrag zu Grunde liegende Vortrag beschäftigte sich mit der Frage, welche rechtlichen Vorgaben für Werbeaussagen zur Klimaneutralität und Nachhaltigkeit in Ermangelung einer ausdrücklichen gesetzlichen Regelung gelten. Der Vortrag fand vor der Grundsatzentscheidung des BGH am 27.06.2024 statt. Zum Zwecke der vollständigen Darstellung findet dieses Urteil nachfolgend jedoch ergänzend Berücksichtigung.

II. Zu dem rechtlichen Maßstab der Irreführung

1. Angesichts der Relevanz von Werbeaussagen zu Klimaneutralität und Nachhaltigkeit mag es auf den ersten Blick erstaunen, dass es bisher keine ausdrückliche gesetzliche Definition oder Regelung gibt. Allerdings entspricht es der deutschen Rechtstradition, neue Werbetrends primär unter dem Aspekt der Irreführung des Durchschnittsverbrauchers zu betrachten. Abseits von gesetzlichen Regelungen z.B. zur Verwendung der Angabe „bio“ (siehe VO (EU) 2018/848), sind Angaben zur Nachhaltigkeit von Lebensmitteln oder zu besonderen Herstellungsmerkmalen primär an dem Maßstab der Irreführung des Durchschnittsverbrauchers zu messen. Die zentrale Regelung ist in Art. 7 Abs. 1 VO (EU) 1169/2011 enthalten. Danach dürfen Informationen über Lebensmittel nicht irreführend sein, insbesondere in Bezug auf die Eigenschaften des Lebensmittels und die Methode der Erzeugung. Dies gilt nicht nur für Informationen auf der Verpackung von Lebensmitteln, sondern auch für die Werbung für Lebensmittel und die sonstige Aufmachung (siehe Art. 7 Abs. 4 LMIV). Dieses spezifische Irreführungsverbot für Lebensmittel wird flankiert durch weitere allgemeine Irreführungsverbote z.B. aus dem Wettbewerbsrecht (§ 5 UWG).
2. Für die Prüfung der Irreführungsgefahr ist es erforderlich festzustellen, wie der Adressat der Werbeaussage diese tatsächlich versteht und ob dieses Verständnis von der Wirklichkeit abweicht. Als Maßstab dient der durchschnittlich informierte, situationsadäquat aufmerksame und verständige Durchschnittsverbraucher, der seine Ausprägung durch die Rechtsprechung des EuGH erfahren hat.[1] Für die Annahme einer Irreführungsgefahr kommt es entscheidend auf die Gesamtaufmachung der Werbung oder der Verpackungskennzeichnung an. Einzelne Aussagen dürfen nicht aus dem Zusammenhang gerissen werden. Daraus ergibt sich auch, dass mehrdeutige Werbeaussagen grundsätzlich einer Aufklärung offenstehen. Demgegenüber besteht allerdings keine aktive Informationspflicht des Unternehmers, über alle Details einer Werbeaussage aufzuklären.

---

1 Vgl. EuGH, Urt. v. 4.6.2015, Az. C-195/14, GRUR 2025, 701 f. – Himbeer-Vanille-Abenteuer.

Ein allgemeines Transparenzgebot existiert nicht.[2] Allerdings entspricht es ebenso den Grundsätzen der Rechtsprechung, dass eine Aufklärung über die wesentlichen Umstände unmittelbar im Zusammenhang der Werbung erforderlich ist.[3]

III. Zur Werbung mit „Nachhaltigkeit"

Der Bundesgerichtshof hat sich bereits Ende der achtziger Jahre mit Aussagen wie „umweltfreundlich" oder „umweltfreundliches Bauen" beschäftigt und in diesen Entscheidungen bereits grundlegende Erwägungen angestellt, die auch für die aktuelle Umweltwerbung maßgeblich sind.[4]

1. In der Folge hatte sich das OLG Hamm bereits vor einiger Zeit mit den Aussagen „CO_2-reduziert" und „umweltfreundliche Produkte und nachhaltige Verpackungen" beschäftigt, bevor diese Aussagen zu einem allgemeinen Marketingtrend wurden.[5] In der Entscheidung führte das OLG aus, dass diese Werbeaussagen in ihrer Allgemeinheit vollkommen offenließen, in Bezug auf welchen konkreten Aspekt und auf welchen Standard eine Umweltfreundlichkeit bzw. eine CO_2 Reduktion konkret vorliegen solle. Die Werbung wurde daher als irreführend untersagt.

2. In jüngerer Zeit beschäftigte sich das OLG Bremen mit einer Werbung zur Nachhaltigkeit von Lebensmitteln.[6] In der Entscheidung ging es um drei Kräutertees, die mit den Produktbezeichnungen „Nachhaltige Minze [Kamille/Fenchel]" gekennzeichnet waren. Zudem wurde in der streitgegenständlichen Werbeanzeige der Lebensmittelzeitung („LZ") u.A. noch mit dem Begriff „ressourcenfreundlich" und der Aussage „fördert die Biodiversität" geworben.

   Die Produktbezeichnungen „Nachhaltige Minze/Kamille/Fenchel" wurde von dem OLG als unzulässig angesehen, da eine Erläute-

2 Siehe zu weiterführenden Hinweisen Harte-Bavendamm/Henning-Bodewig/*Dreyer*, 5. Aufl. 2021, UWG § 5a Rn. 84.

3 BGH, Urt. v. 25.06.2020, Az. I ZR 96/16, GRUR 2020, 1226 (1228).

4 BGH, Urt. v. 20.10.1988, Az. IZR 219/87; BGH, Urt. v. 14.12.1995, Az. I ZR 213/93.

5 OLG Hamm, Urt. v. 19.08.2021, Az. 4 U 57/21.

6 OLG Bremen, Urt. v. 23.12.2022, Az. .2 U 103/22, GRUR 2023, 1384.

rung fehle, warum Minze, Kamille und Fenchel nachhaltig seien. Der konkrete Umweltvorzug werde nicht hinreichend erklärt. Der Hinweis des Herstellers, dass die Nachhaltigkeit aus der Bio-Qualität der Zutaten folge, sah das OLG als nicht tragfähig an, da der Verbraucher einen zusätzlichen Nachhaltigkeitsaspekt neben der Bio-Eigenschaft erwarte. Zwar ging das OLG davon aus, dass sich die LZ an Fachkreise richte. Diese würden aber gegenüber dem allgemeinen Verbraucher auch keine überschießende Fachkenntnis aufweisen. Zudem sorge schon die reine Anlockwirkung aufgrund der Werbeaussage dazu, sich näher mit dem Produkt zu beschäftigen. Dies genüge für die Annahme einer Irreführung.[7] Auch die Angabe „ressourcenfreundlich“ wurde von dem OLG als irreführend angesehen. Dahingegen wurde die Angabe „fördert die Biodiversität“ nicht als irreführend eingeordnet, da die Vielfalt von Tier- und Pflanzenarten durch die strengen Vorgaben für Bio-Lebensmittel tatsächlich gefördert würde.[8]

IV. Zur Werbung mit „Klimaneutralität“

Ein großer Teil der sog. „Umweltwerbung“ betrifft Fragen der Klimaneutralität. Wie eingangs bereits ausgeführt, kann die Verringerung des CO_2-Fußabdrucks auf unterschiedliche Weise erreicht werden, entweder indem ein Unternehmen unmittelbar Emissionen reduziert oder durch eine sog. bilanzielle Klimaneutralität, also durch Erwerb von Zertifikaten und Unterstützung von Klimaschutzprojekten. Zu diesem Themenkreis besteht mittlerweile eine umfassende – auch höchstrichterliche – Rechtsprechung, aus der sich die rechtlichen Voraussetzungen an eine Werbung mit Klimaneutralität auf der Basis des Irreführungsverbots ableiten lassen. Zum Zeitpunkt des Vortrags im November 2023 bestand insbesondere noch Unklarheit über das Verständnis des Durchschnittsverbrauchers von dem Begriff „Klimaneutralität“ und darüber welche Aspekte bei der Berechnung der Klimaneutralität zu beachten sind sowie in welcher Form eine Aufklärung über Maßnahmen zur Reduzierung des CO_2-Fußabdrucks erfolgen muss. Einige dieser Fragen hat die aktu-

---

7 OLG Bremen, Urt. v. 23.12.2022, Az. .2 U 103/22, GRUR 2023, 1384 (1387).
8 OLG Bremen, Urt. v. 23.12.2022, Az. .2 U 103/22, GRUR 2023, 1384 (1390).

elle Grundsatzentscheidung des BGH geklärt. Die vorhergehenden OLG-Entscheidungen weisen jedoch auch weiterhin Relevanz für das Verständnis der rechtlichen Vorgaben auf.

1. Eine der ersten obergerichtlichen Entscheidungen in diesem Bereich stammt vom OLG Schleswig zu der Angabe „klimaneutral" auf der Verpackung von Müllbeuteln[9]. Die Angabe „klimaneutral" war dabei direkt neben dem Unternehmenskennzeichen in einem Störer abgebildet. Darunter folgte der Hinweis auf die Sortenbezeichnung "Extra stark". Der Senat führte aus, dass der Begriff der „Klimaneutralität" anders als der unscharfe Begriff der „Umweltfreundlichkeit" eine eindeutige Aussage enthalte. Er habe den Inhalt, dass die damit beworbene Ware eine ausgeglichene CO_2-Bilanz aufweise. Dies könne auch durch die Unterstützung von Klimaschutzprojekten erreicht werden. Daher sei eine Fehlvorstellung der Verbraucher nicht zu besorgen. Zudem sei eine Irreführung auch aus dem Grund ausgeschlossen, da auf der Verpackung ein gut sichtbarer Hinweis im selben Blickfeld angebracht war („Produkt unterstützt Goldstandard zertifizierte Klimaschutzprojekte"), der darauf verwies, dass die Klimaneutralität durch Kompensation erreicht wird.[10]
2. Das OLG Frankfurt a. M. bewertete die Werbung mit einem „klimaneutral Unternehmen"-Logo auf der Internetseite eines Reinigungsmittelherstellers zumindest teilweise als irreführend.[11] Das Logo befand sich in der Fußzeile einer Internetseite und führte über eine Verlinkung auf eine Unterseite mit weiteren Informationen zur bilanziellen Klimaneutralität. Der Senat ging davon aus, dass der Begriff „klimaneutral" für den Durchschnittsverbraucher aus sich heraus verständlich sei – anders als etwa der Begriff „umweltfreundlich" – und im Sinne einer ausgeglichenen Bilanz der CO_2-Emissionen des Unternehmens aufgefasst werde. Dabei sei bekannt, dass die Neutralität sowohl durch Vermeidung als auch durch Kompensationsmaßnahmen (z. B. Zertifikatehandel) erreicht werden könne. Gleichwohl müsse nach Auffassung des Senats über grundlegende Umstände der von dem Unternehmen beanspruchten

9 OLG Schleswig, Urt. v. 30.6.2022, Az. 6 U 46/21 = GRUR 2022, 1451.
10 OLG Schleswig, Urt. v. 30.6.2022, Az. 6 U 46/21 = GRUR 2022, 1451 (1453 f.).
11 OLG Frankfurt a. M., Urt. v. 10.11.2022, Az. 6 U 104/22 = GRUR 2023, 177.

Klimaneutralität aufgeklärt werden. Der Verkehr gehe nicht davon aus, dass ein Unternehmen, das sich als „klimaneutral" bezeichnet, allein auf Ausgleichsmaßnahmen Dritter bzw. auf den Kauf von Zertifikaten setze. Dies gelte insbesondere, da aus Verbrauchersicht bei diesen Maßnahmen der Verdacht des sog. „Greenwashings" naheliege, ohne dass der Klimaschutz tatsächlich maßgeblich verbessert werde. Eine Information über den Charakter der CO_2-Reduktion wird vom OLG daher als wesentliche Information i. S. v. § 5a Abs. 1 UWG angesehen. Der Senat führt aus, dass sowohl darüber aufgeklärt werden müsse, ob die in der Werbung behauptete Klimaneutralität ganz oder teilweise durch Einsparungen bzw. durch Kompensationsmaßnahmen erreicht werde als auch darüber, ob bestimmte Emissionen von der CO_2-Bilanzierung ausgenommen wurden. Ferner müssten Informationen bereitgestellt werden, anhand welcher Kriterien die Prüfung für das Gütesiegel erfolgt ist.[12] Im Streitfall war nach Ansicht der Richter eine Aufklärung direkt auf der Internetseite mit dem „klimaneutral"-Logo allerdings nicht notwendig. Das OLG verwies auf die Rechtsprechung des BGH, wonach es ausreiche, wenn die Werbung hinsichtlich der Prüfkriterien für ein Gütesiegel auf eine Internetseite verweist, auf der für den Verbraucher nähere Informationen in Form von kurzen Zusammenfassungen der bei der Prüfung herangezogenen Kriterien zur Verfügung stehen.[13]

Allerdings lag nach Auffassung des Senats eine Irreführung über den Umfang der Bemessungsgrundlage der Klimaneutralität vor. Die Antragsgegnerin konnte nicht glaubhaft machen, dass sog. indirekte Emissionen („Scope 3"), z. B. für eingekaufte Güter und Rohstoffe, Abfälle, Geschäftsreisen von Mitarbeitern und ausgelagerte Aktivitäten, wie z. B. Transporte, von dem bilanzierten Corporate Carbon Footprint umfasst waren. Welche konkreten Emissionen erfasst werden, wisse der Durchschnittsverbraucher nicht aufgrund eigener Sachkunde, zumal sich die erfassten Emissionen je nach Zertifizierungsstelle auch unterscheiden können. Der Verbraucher gehe bei der streitgegenständlichen Logogestaltung davon aus, dass

12 OLG Frankfurt a. M., Urt. v. 10.11.2022, Az. 6 U 104/22, GRUR 2023, 177 (180).

13 Vgl. BGH GRUR 2016, 1076 Rn. 35.

grundsätzlich alle wesentlichen Emissionen des „Unternehmens", auch jene der Produktion, einschließlich der verarbeiteten Rohstoffe und Halbfertigprodukte, kompensiert werden. Von einer Ausklammerung derartiger Emissionen gehe der Verbraucher dahingegen nicht ohne weiteres aus.[14]

3. Das OLG Düsseldorf entschied über die Angabe „Klimaneutraler Preis-Leistungs-Klassiker" (Anzeige) bzw. „klimaneutrales Produkt" (Marmeladenglas).[15] Die Werbung enthielt keinen direkten Hinweis darauf, wie die Klimaneutralität erreicht wird. Weiterführende Anhaben waren auf einer Internetseite abgebildet. Tatsächlich wurde die Klimaneutralität durch Kompensationszahlungen an Aufforstungsprojekte in Südamerika erreicht.

   Die Vorinstanz, das LG Mönchengladbach, sah in der Werbung eine Irreführungsgefahr i. S. v. § 5 Abs. 1 UWG. Die Verbraucher verstünden die Angaben der Beklagten dahingehend, dass die Marmelade klimaneutral hergestellt werde und nicht so, dass das während der Herstellung des Produktes anfallende CO_2 durch nachträgliche Maßnahmen kompensiert und damit (nur) bilanziell eine Klimaneutralität erreicht werde.[16]

   Das OLG Düsseldorf bestätigte die Entscheidung, aber mit abweichender Begründung. Der Durchschnittsverbraucher verstehe den Begriff „klimaneutral" im Sinne einer ausgeglichenen Bilanz der CO_2-Emissionen des Unternehmens, wobei ihm auch bekannt sei, dass die Neutralität sowohl durch Vermeidung als auch durch Kompensationsmaßnahmen (z. B. Zertifikatehandel) erreicht werden könne. Dies ergebe sich schon daraus, dass auch Waren und Dienstleistungen als „klimaneutral" beworben werden, die offensichtlich nicht emissionsfrei erbracht werden können, wie etwa Flugreisen. Allerdings stelle die Aufklärung über die Erreichung der Klimaneutralität eine wesentliche Information i. S. v. § 5 a Abs. 1 UWG dar. Ebenso wie das OLG Frankfurt ging das OLG Düsseldorf davon aus, dass ein erhebliches Interesse an der Information bestehe, ob die Klimaneutralität (auch) durch eigene Einsparmaßnahmen er-

---

14 OLG Frankfurt a. M., Urt. v. 10.11.2022, Az. 6 U 104/22, GRUR 2023, 177 (181 f.).

15 OLG Düsseldorf, Urt. v. 6.7.2023, Az. 20 U 72/22, WRP 2023, 1120.

16 LG Mönchengladbach, Urt. v. 25.2.2022, Az. 8 O 17/21, WRP 2022, 781.

reicht wird oder nur durch den Erwerb von CO_2-Zertifikaten bzw. durch die Unterstützung von Klimaprojekten Dritter.[17] Im Ergebnis hielt der Senat also eine Aufklärung, ob Klimaneutralität ganz oder teilweise durch Einsparungen oder durch Kompensationsmaßnahmen erreicht wird und ob bestimmte Emissionen von der CO_2-Bilanzierung ausgenommen wurden, für erforderlich, um eine Irreführungsgefahr zu vermeiden. Diesen Anforderungen wurde die streitgegenständliche Werbung nicht gerecht.

4. An demselben Tag entschied das OLG Düsseldorf über eine weitere Werbung zur Klimaneutralität, die später auch Gegenstand der Grundsatzentscheidung des BGH wurde.[18] Ein Hersteller von Süßwaren warb in der Lebensmittelzeitung mit einem „klimaneutral Produkt"-Logo sowie der Aussage: „Seit 2021 produziert [die Beklagte] alle Produkte klimaneutral". Die Werbeanzeige enthielt einen Link zu einer Internetseite mit weiteren Informationen zu den geleisteten Kompensationszahlungen. Die Vorinstanz, das LG Kleve, wies die Klage mit dem Argument ab, die Werbung richte sich an Fachkreise, denen es zumutbar sei, sich über ein Produkt anhand von im Internet verfügbaren Informationen zu informieren.[19]

   Das OLG Düsseldorf wies die Berufung des Klägers zurück, allerdings wiederum mit abweichender Begründung: Zwar handele es sich bei Lesern der LZ um Fachkreise. Der Senat ging aber davon aus, dass in der Lebensmittelbranche eine derartige „Spannweite" bestehe, dass ein vom Durchschnittsverbraucher abweichendes Verständnis dieser Fachkreise fern liege. Die meisten Leser seien nicht nur in ihrer etwaigen Eigenschaft als Händler, sondern auch in der Eigenschaft als Verbraucher von der Werbung angesprochen. Die Frage, wie die „Klimaneutralität" eines beworbenen Produktes erreicht wird, stelle eine wesentliche Information i. S. v. § 5a Abs. 1 UWG dar. Dementsprechend sei eine Aufklärung darüber erforderlich, ob die Klimaneutralität (auch) durch eigene Einsparmaßnahmen erreicht wird oder nur durch den Erwerb von CO_2-Zertifikaten bzw. durch die Unterstützung von Klimaprojekten Dritter.[20]

---

17 OLG Düsseldorf, Urt. v. 6.7.2023, Az. 20 U 72/22, WRP 2023, 1122.
18 OLG Düsseldorf, Urt. v. 6.7.2023, Az. 20 U 152/22, ZLR 2023, 834.
19 LG Kleve, Urt. v. 22.6.2022, Az. 8 O 44/21, GRUR-RS 2022, 16689.
20 OLG Düsseldorf, Urt. v. 6.7.2023, Az. 20 U 152/22, ZLR 2023, 834 (839).

In dem Falle der streitgegenständlichen Werbeanzeige in der LZ sah der Senat die weiterführenden Informationen auf einer Internetseite, die über den QR-Code oder durch Eingabe der genannten Website abgerufen werden konnte, als ausreichend an. Die Richter führten aus, dass in einer Zeitungsanzeige die wesentlichen Informationen nicht direkt abgebildet werden müssen. Dabei ließ das OLG ausdrücklich offen, ob dies auch für den Claim auf der Verpackung gelte.[21] Vor dem Hintergrund der grundlegenden Bedeutung der Sache ließ das OLG Düsseldorf die Revision zu.

5. Damit erhielt auch der BGH die Gelegenheit, sich mit dieser Werbegestaltung auseinanderzusetzen.[22] Dabei legte der Gerichtshof strengere Maßstäbe an die erforderliche Aufklärung an als zuvor die Oberlandesgerichte. In ausdrücklicher Anknüpfung an seine Rechtsprechung zu umweltbezogener Werbung führte der Senat aus, dass an eine Werbung mit Umweltschutzbegriffen wie „klimaneutral" ebenso wie für gesundheitsbezogene Werbung strenge Anforderungen an die Richtigkeit, Eindeutigkeit und Klarheit der Werbeaussagen gelten. Der Senat verwies darauf, dass er bereits seit Ende der 1980er Jahre davon ausgeht, dass sich infolge der allgemeinen Anerkennung der Umwelt als eines wertvollen und schutzbedürftigen Guts zunehmend ein verstärktes Umweltbewusstsein entwickelt habe und infolgedessen der Verkehr vielfach Waren und Leistungen bevorzuge, auf deren besondere Umweltverträglichkeit hingewiesen wird.[23]

Daraus ergibt sich nach Ansicht des Ersten Senats, dass im Bereich der umweltbezogenen Werbung eine besonders große Irreführungsgefahr und ein gesteigertes Aufklärungsbedürfnis der angesprochenen Verkehrskreise über Bedeutung und Inhalt der verwendeten Begriffe und Zeichen besteht. Die erforderlichen aufklärenden Hinweise bestimmten sich daher im Einzelfall nach der Art des Produkts und dem Grad und Ausmaß seiner „Umweltfreundlichkeit". Bei einer Werbung mit einem mehrdeutigen umweltbezogenen Begriff müsse bereits in der Werbung selbst eindeutig und klar erläutert werden, welche konkrete Bedeutung maßgeblich ist. Der BGH

21 OLG Düsseldorf, Urt. v. 6.7.2023, Az. 20 U 152/22, ZLR 2023, 834 (840).
22 BGH, Urt. v. 27.06.2024, Az. I ZR 98/23, LMuR 2024, 331.
23 BGH, Urt. v. 27.6.2024, LMuR 2024, 331 (333).

geht davon aus, dass die Angabe „klimaneutral“ mehrdeutig ist und sowohl die CO_2 -Vermeidung durch Einsparungen im eigenen Unternehmen als auch die bilanzielle Klimaneutralität umfasst. Im Streitfall enthielt die Werbung jedoch keine unmittelbaren aufklärenden Hinweise und wurde daher vom BGH als irreführend i. S. v. § 5 Abs. 1 UWG untersagt.[24] Eine Erläuterung wäre nach Auffassung der Richter insbesondere auch deshalb erforderlich gewesen, weil die Reduktion und die Kompensation von CO-Emissionen keine gleichwertigen Maßnahmen zur Herstellung von Klimaneutralität darstellten. Vielmehr gelte der Grundsatz des Vorrangs der Reduktion gegenüber der Kompensation.[25]

Die gut zweijährige Odyssee der Werbung mit Klimaneutralität durch die Instanzen der Rechtsprechung ist damit vorerst zu einem Halt gekommen. Der BGH hat entschieden, dass diese Werbung als Irreführung durch eine geschäftliche Handlung nach § 5 Abs. 1 UWG und nicht als Irreführung durch Unterlassen i. S. v. § 5a Abs. 1 UWG einzuordnen ist. Damit geht einher, dass in unmittelbarem Zusammenhang eine Aufklärung über die wesentlichen Umstände der Klimaneutralität erforderlich ist. Die Angabe einer Internetseite mit weiteren Informationen oder die Abbildung eines QR-Codes genügen insoweit nicht. Auch die Aussagen des BGH zu den Kenntnissen des Leserkreises der LZ werden sicher noch zur Überarbeitung einiger Werbeanzeigen führen.

V. Zur Werbung mit der Recyclingfähigkeit

Neben der Frage wie die Werbung mit Umweltaussagen ausgestaltet werden sollte, richtet sich das Augenmerk der Unternehmen auch auf die Verwendung und Bewerbung von Verpackungsmaterialien. Insoweit geht ein Trend dahin, Plastikverpackungen durch Papier zu ersetzen und dieses auch mit Aussagen wie z. B. „Ich bin aus Papier – bitte recycle mich“ oder „Jetzt im Papierbeutel“ zu bewerben. Dabei besteht die Schwierigkeit, dass es keine gesetzliche Definition von Papier, sondern nur DIN-Normen, die zur Auslegung herangezogen

24 BGH, Urt. v. 27.6.2024, LMuR 2024, 331 (335).
25 BGH, Urt. v. 27.6.2024, LMuR 2024, 331 (334).

werden können, gibt. Gerade die Abgrenzung zu Verbundmaterial bereitet allerdings Schwierigkeiten, da diese als Verpackungen definiert sind, die aus zwei oder mehr unterschiedlichen Materialarten bestehen. Dies kann insbesondere in Bezug auf Verpackungen, die Barriereschichten oder großflächige farbige Aufdrucke enthalten, problematisch sein. Die Frage, ob Verbundverpackungen auf Basis von Papier im Altpapier entsorgt werden dürfen, wirft weitere Fragen auf. Eine Entsorgung im Altpapier ist grundsätzlich nur dann zulässig, wenn die andere Materialart außer Papier weniger als 5 % des gesamten Materials ausmacht (vgl. § 16 Abs. 3 S. 4 VerpackG).

Was ist bei Claims zur Recyclingfähigkeit somit generell zu beachten? Es kommt darauf an, ob auch tatsächlich ein Recycling möglich ist und stattfindet. Dies kann insbesondere bei Materialien, die als kompostierbar beworben werden, schwierig sein, wenn eine industrielle Kompostierbarkeit aufgrund der Abläufe in der Abfallwirtschaft nicht gegeben ist. Die Werbeclaims sollten so gut wie möglich spezifiziert werden, insbesondere in Bezug auf die Verwendung verschiedener Materialarten sowie die tatsächliche Recyclingfähigkeit.

VI. Zu den Gesetzgebungsvorhaben auf europäischer Ebene

Während in Deutschland die Entwicklung von Kriterien für die Werbung mit Nachhaltigkeit und Klimaneutralität auf Betreiben von Marktteilnehmern und Wettbewerbsverbänden durch die Rechtsprechung mittlerweile recht ausdifferenziert ist, sieht die Europäische Kommission Handlungsbedarf. Die bisher fehlende Existenz von Vorschriften zur Verwendung von „Green Claims“ führt laut der Kommission zu sog. Greenwashing und unfairen Wettbewerbsbedingungen auf dem Binnenmarkt. Eine von der EU-Kommission im Jahr 2020 in Auftrag gegebene Studie ergab, dass über die Hälfte aller überprüften Umweltaussagen vage, irreführend oder nicht fundiert seien. Eine weitere Studie aus dem Jahr 2021 kam zu dem Ergebnis, dass mehr als die Hälfte der überprüften Umweltzeichen und -labels entweder nur schwach oder gar nicht verifiziert seien.[26]

---

26 Vgl. Europäische Kommission, Impact Assessment Report, SWD (2022) 85 final.

Abhilfe sollen zwei neue Richtlinien schaffen: Die Richtlinie zur Stärkung der Verbraucher für den ökologischen Wandel durch besseren Schutz gegen unlautere Praktiken und bessere Informationen EU 2024/825 (sog. „EmpCo“-Richtlinie) sowie die Richtlinie über die Begründung ausdrücklicher Umweltaussagen und die diesbezügliche Kommunikation COM (2023) 166 final, 2023/0085 COD (sog. „Green Claims“- Richtlinie).

1. Die EmpCo-Richtlinie ergänzt die Richtlinie gegen unlautere Geschäftspraktiken und wird in Deutschland Einzug in das UWG finden. Die verschärften Anforderungen an Umweltwerbung sollen ab September 2026 Anwendung finden. So wird das allgemeine Irreführungsverbot um eine spezifische Variante zu Umweltaussagen ergänzt. Danach ist das Treffen einer Umweltaussage über die künftige Umweltleistung ohne klare, objektive, öffentlich einsehbare und überprüfbare Verpflichtungen, die in einem detaillierten und realistischen Umsetzungsplan festgelegt sind, der regelmäßig von einem unabhängigen externen Sachverständigen überprüft wird und dessen Erkenntnisse Verbrauchern zur Verfügung gestellt werden, irreführend. Zudem werden weitere absolut unzulässige Geschäftspraktiken aufgenommen, u. a.:
   - Verbot des Anbringens eines Nachhaltigkeitssiegels, das nicht auf einem Zertifizierungssystem beruht oder nicht von staatlichen Stellen festgesetzt wurde
   - Treffen einer allgemeinen Umweltaussage, wobei der Gewerbetreibende die anerkannte hervorragende Umweltleistung, auf die sich die Aussage bezieht, nicht nachweisen kann
   - Treffen einer Umweltaussage zum gesamten Produkt, wenn sie sich tatsächlich nur auf einen bestimmten Aspekt des Produkts bezieht
   - Treffen einer Aussage, die sich auf der Kompensation von Treibhausgasemissionen begründet und wonach ein Produkt hinsichtlich der Treibhausgasemissionen neutrale, verringerte oder positive Auswirkungen auf die Umwelt hat

   Die Umsetzung der EmpCo-Richtlinie wird zu erheblichen Änderungen bei der Gestaltung der Werbung mit Umweltaussagen führen. Als allgemeine Umweltaussagen werden nach den Ausführungen der Kommission in Erwägungsgrund 9 der Richtlinie u. A. die Angaben „umweltfreundlich, umweltgerecht, umweltschonend, grün, naturfreundlich, ökologisch, klimafreundlich, umweltverträglich, CO2-freundlich, energieeffizient, biologisch abbaubar, biobasiert" angesehen. Solche Aussagen sind nach der Regelung in der EmpCo-Richtlinie nur zulässig, wenn dahinter eine (nachgewiesene) anerkannte hervorragende Umweltleistung steht. Es wird befürchtet, dass die Anforderungen so hoch sind, dass insbesondere kleinere Unternehmen davon abgehalten werden, über ihre Anstrengungen zur CO_2-Reduktion zu sprechen. Die fehlende faktische Möglichkeit, umweltbezogenes Handeln zu bewerben, könnte dazu führen, dass weniger Anreiz für Unternehmen besteht, tatsächlich in umweltrelevante Maßnahmen zu investieren.

2. Über die EmpCo-Richtlinie hinaus sieht die Green-Claims-Richtlinie einen Erlaubnisvorbehalt für spezifische Umweltaussagen vor. Unternehmen sollen zukünftig durch eine unabhängige Prüfung belegen, dass sie selbst bzw. ihr Produkt den Anforderungen der Richtlinie entspricht und sie damit berechtigt sind, die jeweilige Umweltaussage verwenden zu dürfen. Dafür ist eine Prüfung durch zertifizierte Stellen mit den entsprechenden Kosten erforderlich. Daneben sieht die Richtlinie umfangreiche Informationsanforderungen vor, die dem Verbraucher zur Verfügung gestellt werden müssen. Anders als die EmpCo-Richtlinie wurde die Green-Claims-Richtlinie in der letzten Legislaturperiode der EU allerdings nicht mehr verabschiedet. Es ist derzeit unklar, wann das Verfahren wieder aufgenommen wird und welche der zahlreichen Änderungsvorschläge des Parlaments Berücksichtigung finden.

VII. Zusammenfassung

In den nächsten Jahren ist mit vielfachen Änderungen der rechtlichen Voraussetzungen an die Werbung mit Aussagen zur Nachhaltigkeit und Klimaneutralität von Lebensmitteln zu rechnen. Das Grundsatzurteil des BGH zur Werbung mit der Angabe „klimaneutral" dürfte daher nur für einen kurzen Zeitraum als Orientierung für die Gestaltung der Werbung dienen. Auch in der Zwischenzeit verbleiben erhebliche Unsicherheiten bei der rechtssicheren Gestaltung umweltbezogener

Werbung. Dies betrifft insbesondere Umfang und Inhalt der erforderlichen aufklärenden Hinweise sowie die Methoden zur Berechnung von CO_2-Emissionen. Insoweit sind auch die Ausführungen aus den obergerichtlichen Urteilen von besonderem Interesse, da die Gerichte darin auch auf die verschiedenen Betrachtungsweisen der bilanziellen Klimaneutralität eingehen.

Nutri-Score und Nährwertprofile als Herausforderung für die Lebensmittelindustrie

Dr. Petra-Alina Unland

Der Nutri-Score und die von der WHO vorgeschlagenen Nährwertprofile stellen aktuelle Ansätze zur Verbesserung der Ernährung und des Verbraucherschutzes dar. Ziel ist es, durch transparente Nährwertkennzeichnungen und Einschränkungen von Werbung für Lebensmittel mit ungünstiger Nährstoffzusammensetzung, insbesondere an Kinder gerichtete Werbung, einen Beitrag zur Reduktion ernährungsbedingter Erkrankungen zu leisten. Diese Zusammenfassung beleuchtet die rechtlichen, wirtschaftlichen und praktischen Herausforderungen des aktualisierten Nutri-Scores und der Anwendung der WHO-Nährwertprofile.

I. Nutri-Score

Der Nutri-Score wurde 2017 in Frankreich eingeführt und zielt darauf ab, Verbraucher:innen bei der Auswahl gesünderer Lebensmittel zu unterstützen. Das farbkodierte System (von A, dunkelgrün bis E, rot) erlaubt den Vergleich von Produkten innerhalb einer Kategorie und soll den Wettbewerb um gesündere Rezepturen anregen. Mit der Markensatzung vom 24.04.2023[1] wurden die neuen rechtlichen Grundlagen für die Umstellung des Algorithmus vom ursprünglichen auf den aktualisierten Algorithmus geschaffen. Für Lebensmittelunternehmen bedeutet dies, dass sie den Score für ihre Produkte neu berechnen und im Falle von Abweichungen zum bisherigen Score eine Anpassung der Etiketten vornehmen müssen. Da der aktualisierte Nutri-Score-Al-

1 Inzwischen wurden weitere Versionen der Markensatzung veröffentlicht; das aktuelle Dokument (Stand 18.1.2025) wurde am 26.6.2024 veröffentlicht und enthält neben einigen redaktionellen Änderungen auch freiwillige Kennzeichnungsvorschriften zum Logo während des Übergangszeitraums und detaillierte Angaben zur Beendigung des Nutri-Scores durch den Unternehmer.

gorithmus sowohl umfangreiche Änderungen in der Bepunktung der einzelnen Nährstoffe als auch in der Kategorisierung der Lebensmittel beinhaltet, sind nahezu alle Produkte von der Änderung betroffen, in der Regel mit einer ungünstigeren Bewertung.

1. Übergangsfristen

In Bezug auf die Auslegung der in Art. 6.1.2 der Markensatzung formulierten Fristen für die Umsetzung des aktualisierten Algorithmus gab es lange Unklarheit. Diese betraf vor allem den Zeitpunkt, bis zu dem ein Hersteller die von ihm registrierten Produkte in der Kennzeichnung auf den neuen Algorithmus spätestens umgestellt haben sollte:

Der aktualisierte Algorithmus trat am 31.12.2023 in Kraft; ab diesem Zeitpunkt ist er für Produkte, die von Unternehmen neu in den Markt eingeführt werden, anzuwenden. Von diesem Zeitpunkt an gilt eine zweijährige Übergangsfrist, in der für die Berechnung des Nutri-Scores für „bestehende" Produkte weiterhin der ursprüngliche Algorithmus erlaubt ist. Unter „bestehenden" Produkten werden Produkte verstanden, die bereits vor dem 31.12.2023 in den Verkehr gebracht und mit dem Nutri-Score gekennzeichnet waren. Dies gilt auch, wenn für die bestehenden Produkte in diesem Zeitraum eine Änderung der Rezeptur, der Verpackungsgröße oder des Nettogewichts vorgenommen wird[2].

Unklarheit bestand im Hinblick auf die konkrete Frage, ob die Übergangsfrist den Abverkauf beinhaltet oder ob Produkte, die bis zum 31.12.2025 mit dem ursprünglichen Algorithmus gekennzeichnet wurden, nach diesem Datum noch abverkauft werden dürfen. Ersteres hätte bedeutet, dass Hersteller:innen im Hinblick auf die Übergangfrist ihre Mindesthaltbarkeitsdaten berücksichtigen müssen, damit nach dem 31.12.2025 nur noch Produkte mit dem aktualisierten Algorithmus auf dem Markt zu finden wären. In der Praxis hätte sich die Übergangsfrist daher um den Zeitraum der Mindesthaltbarkeit verkürzt, was aufgrund der Kontrakte mit Agenturen und den unterschiedlichen

2 In Bezug auf den Umgang mit Rezeptur- oder Gewichtsänderungen bei „bestehenden Produkten" erfolgte eine Klarstellung im FAQ Nutri-Score v. 26.6.2024, S. 6 ff.

Verpackungsreichweiten und Mindesthaltbarkeitsdaten eine große Herausforderung für die Hersteller:innen bedeutet hätte und zu Abwertungen von Verpackungsmaterial geführt hätte. Für Produkte mit langen Mindesthaltbarkeiten (> 24 Monate) wäre die Frist nicht einhaltbar gewesen. Aus diesem Grunde erfolgte eine Klarstellung seitens des Bundesministeriums für Ernährung und Landwirtschaft (BMEL) dergestalt, dass Produkte, die vor dem 31.12.2025 noch mit dem ursprünglichen Algorithmus deklariert wurden, nach diesem Datum noch unbegrenzt abverkauft werden dürfen[3]. Diese Klarstellung fand ebenfalls Eingang in den FAQ mit Questions & Answers zum Nutri-Score[4].

Tab. 1 Fristen für den Inhaberunternehmer

Übergangsfristen	Anzuwendender Algorithmus
Bis zum 31.12.2023	Verwendung des ursprünglichen Algorithmus
Ab dem 31.12.2023	Inkrafttreten des aktualisierten Algorithmus, Verwendung des aktualisierten Algorithmus für Neueinführungen
Übergangszeitraum von 24 Monaten ab dem 31.12.2023	Bestehende Produkte, die vor dem 31.12.2023 in den Verkehr gebracht wurden, dürfen den ursprünglichen Algorithmus bis zum 31.12.2025 verwenden. Das gilt auch, wenn an den bestehenden Produkten Rezeptur- oder Gewichtsveränderungen vorgenommen werden.
Ab dem 31.12.2025	Bestehende Produkte, die bis zum 31.12.2025 mit dem ursprünglichen Algorithmus gekennzeichnet wurden, dürfen abverkauft werden. Bestehende Produkte, die nach dem 31.12.2025 produziert werden, müssen mit dem aktualisierten Algorithmus gekennzeichnet werden.

Auf Anfrage besteht innerhalb der 24-monatigen Übergangsfrist eine Mitteilungspflicht der Hersteller:innen gegenüber dem Regulator und dem Verbraucher, mit welcher Nutri-Score-Version berechnet wurde. Außerdem sind Hersteller dazu verpflichtet, eine Dokumentation über die Anwendung der „Nutri-Score-Version“ zu führen.

---

3 *BMEL*, https://www.bmel.de/DE/themen/ernaehrung/lebensmittel-kennzeichnung/freiwillige-angaben-und-label/nutri-score/nutri-score-coen-berichte.html#doc94956bodyText.

4 *FAQ Nutri-Score* v. 26.6.2024, S. 6 ff.

In Frankreich und Luxemburg ist der weiterentwickelte Algorithmus aufgrund der unterschiedlichen Gesetzgebungsverfahren später in Kraft getreten als im Rest der COEN-Länder. Darüber hinaus ist der Übergangszeitraum von 24 Monaten nicht für Produkte auf dem Hoheitsgebiet der Niederlande vorgesehen, da der Nutri-Score erst zum 1. Januar 2024 offiziell eingeführt wurde. Dies führt für die Hersteller aber nicht zu Handelshemmnissen bzw. Verpackungsänderungen, da das Prinzip der gegenseitigen Anerkennung zur Anwendung kommt.

2. Tranchen des Nutri-Score-Updates

Im März 2022 veröffentlichte das wissenschaftliche Gremium seinen ersten Jahresbericht zum Nutri-Score[5]. Es kam darin zu dem Schluss, dass der Nutri-Score gut funktioniere und die damalige Version des Algorithmus bereits nützliche Vergleiche des Nährwerts von Lebensmitteln ermögliche. Trotzdem sah das wissenschaftliche Gremium noch Verbesserungsmöglichkeiten im Hinblick auf eine bessere Differenzierung bestimmter Nährstoffe wie Salz, Zucker, Protein und Ballaststoffe sowie bezüglich bestimmter Lebensmittelgruppen wie Fisch und Meeresfrüchte, Vollkornerzeugnisse, Fleischerzeugnisse, Fett, Nüsse und Samen. Es sollte sichergestellt werden, dass die neusten Erkenntnisse aus der wissenschaftlichen Literatur einfließen und der aktualisierte Algorithmus den wichtigsten lebensmittelbasierten Ernährungsrichtlinien der am Nutri-Score beteiligten sieben Länder (COEN) besser entspricht.

Die Änderungsvorschläge für entsprechende Algorithmus-Änderungen kamen in verschiedenen Tranchen. Im Juni 2022 legte das wissenschaftliche Gremium seinen ersten Bericht mit Änderungsvorschlägen für die Kategorien „feste Lebensmittel“ sowie „Fette und Öle“ vor. Im März 2023 folgte der zweite Bericht mit Änderungsvorschlägen für die Kategorie „Getränke“. Beiden Berichten stimmte der Lenkungsausschuss zu. Die vorgeschlagenen Änderungen flossen in die

5 *Scientific Committee of the Nutri-Score*, Update report from the Scientific Committee of the Nutri-Score 2022, abrufbar unter: https://www.bmel.de/SharedDocs/Downloads/DE/_Ernaehrung/Lebensmittel-Kennzeichnung/nutri-score-zwischenbericht-wissenschaftl-gremium.html.

Markensatzung vom 24.1.2024 ein, die auch mit den Übergangsfristen verknüpft ist.

Eine dritte angekündigte Tranche zur Anpassung des Algorithmus in Bezug auf die Kategorie „Obst und Gemüse“ wurde zunächst für Herbst 2023 angekündigt, liegt aber bis zum heutigen Tag nicht vor (Stand 18.1.2025).

Aus Herstellersicht sind zeitversetzte Algorithmus-Änderungen nicht wünschenswert, wenn sie erneut mit Verpackungsänderungen einhergehen. In Bezug auf die Obst- und Gemüsegruppe werden nur geringe Anpassungen erwartet.

3. Der neue Algorithmus

Der aktualisierte Nutri-Score-Algorithmus beinhaltet drei Hauptkategorien von Lebensmitteln:

1. „Lebensmittel allgemein“ (z. B. Fertiggerichte, Feine Backwaren, Cerealien sowie alle weiteren Lebensmittelgruppen, die nicht in die Kategorien zwei oder drei fallen),
   - Käse
   - Rotes Fleisch
2. „Fette, Öle, Nüsse und Samen“ (neu: Aufnahme von Nüssen und Samen),
3. „Getränke“.

Alle drei Kategorien sind von den Anpassungen betroffen. Die Änderungen betreffen folgende Nährstoff- bzw. Zutatengruppen:

- Stärkere Gewichtung der Gehalte von Zucker und Salz,
- Anpassung der Protein- und Ballaststoffbewertung,
- Modifikation der „Obst- und Gemüsegruppe“,
- differenziertere Ausgestaltung der Kategorie „Fette und Öle“,
- neue Regelungen für Fleisch und Fleischerzeugnisse,
- differenziertere Bewertung von Fisch- und Meeresfrüchten,
- differenziertere Bewertung von gesüßten und ungesüßten Milchprodukten,

- Berechnung von Milch, Trinkjoghurt, Kakaogetränken, pflanzenbasierten Getränken,
- Suppen und Gazpacho als „Getränke“ statt als „Lebensmittel allgemein“,
- Einbeziehung von Süßstoffen in die Bewertung von Getränken.

Die folgende Abbildung zeigt einen Überblick über die Änderungen des aktualisierten Algorithmus für Lebensmittel allgemein:

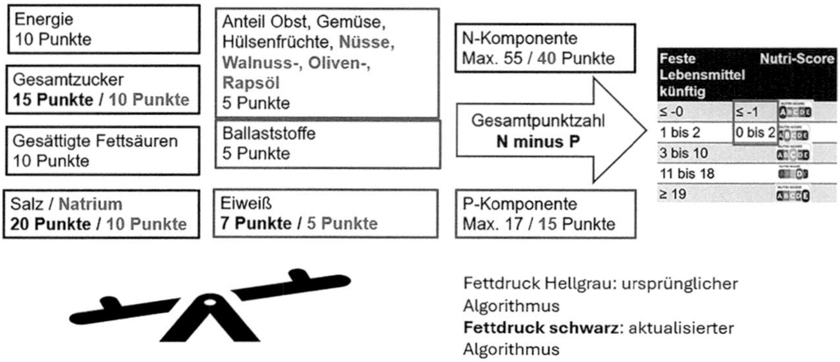

Abb. 1: Berechnung Nutri-Score ursprünglich und aktuell

Auf Einzelheiten der Berechnung kann aufgrund des Umfangs in diesem Kontext nicht eingegangen werden. Insgesamt ist nach dem aktualisierten Algorithmus die Hürde für das Erreichen eines Nutri-Scores im grünen Bereich für viele Lebensmittelgruppen signifikant größer. Der Nutri-Score bestehender Produkte aus Bereichen wie Feine Backwaren, Süßwaren, Speiseeis, Fertiggerichte oder Dessertprodukte verschlechtert sich in den meisten Fällen um mindestens einen Score. Viele Hersteller hatten zuvor ihre Rezepturen im Hinblick auf den Nutri-Score reformuliert. Die Anwendung des aktualisierten Algorithmus führt erneut zu Einstufungen wie zum Zeitpunkt vor den Reformulierungen.

Die Anpassungen des Algorithmus sind aus ernährungsphysiologischer Sicht in Bezug auf den Zucker- und Salz-Konsum und den daraus resultierenden ernährungsbedingten Krankheiten nachvollziehbar. Der Nutri-Score sollte Herstellern auch den Anreiz geben, sich innerhalb seiner Kategorie zu verbessern, um Produkte mit „günstiger" Einstufung anbieten zu können. Nun stehen die Hersteller vor der Aufgabe zu prüfen, was rezeptorisch noch machbar ist, um dem aktualisierten Algorithmus Rechnung zu tragen. Rezepturänderungen im Hinblick auf einen günstigeren Nutri-Score sind Grenzen gesetzt, die sich zum einen aus den gesetzlichen Vorschriften und zum anderen aus Erwägungen zu den Themen Geschmack, Lebensmittelsicherheit, Technologie oder Haltbarkeit ergeben.

Folgende Beispiele aus der Praxis zeigen die Berechnung nach ursprünglichem und aktualisiertem Algorithmus:

Ursprünglicher Algorithmus

N	Angaben pro 100 g	Punkte
Energie (kJ)	901	2
Gesättigte Fettsäuren (g)	2,8	2
Zucker (g)	2,4	0
Salz (g)	0,98	
Natrium (mg)	393	4
Insgesamt		8

P	Angaben pro 100 g	Punkte
Ballaststoffe (g)	2,3	2
Proteine (g)	7,2	4
Obst, Gemüse, Hülsenfrüchte, Nüsse, Walnuss-, Raps- und Olivenöl	49 %	1
Insgesamt		7

Wenn **N < 11 → N – P = 8 – 7 = 1**

Aktualisierter Algorithmus

N	Angaben pro 100 g	Punkte
Energie (kJ)	901	2
Gesättigte Fettsäuren (g)	2,8	2
Zucker (g)	2,4	0
Salz (g)	0,98	4
Insgesamt		8

P	Angaben pro 100 g	Punkte
Ballaststoffe (g)	2,3	0
Proteine (g)	7,2	2
Obst, Gemüse, Hülsenfrüchte	43 %	1
Insgesamt		3

Spinat Pizza (N < 11)

Wenn **N < 11 → N – P = 8 – 3 = 5**

Abb. 2 Berechnung einer Pizza Spinat nach ursprünglichem und aktualisiertem Algorithmus

Das Beispiel der Spinat Pizza zeigt, dass durch die modifizierte Punkteverteilung bei Protein und Ballaststoffen die Messlatte für die Punktevergabe höher hängt als beim ursprünglichen Algorithmus. Für die P-Punkte (günstige Nährstoffe/Zutaten) ergeben sich daher nur 3 Punkte anstatt wie zuvor 7 Punkte, wodurch der Gesamtscore von B nach C rutscht.

Eine differenziertere Bewertung führt beim neuen Algorithmus zu einer Aufwertung ballaststoffreicher und proteinreicher Produkte, jedoch sind die Proteinpunkte in Abhängigkeit von den Gehalten an ungünstigen Nährstoffen (N-Punkte) nach wie vor limitiert. Dies wird an dem im Folgenden genannten Beispiel eines proteinangereicherten Müslis deutlich:

N	Angaben pro 100 g	Punkte
Energie (kJ)	1757	5
Gesättigte Fettsäuren (g)	4	3
Zucker (g)	11	3
Salz (g)	0,42	2
Insgesamt		13

P	Angaben pro 100 g	Punkte
Ballaststoffe (g)	14	5
Proteine (g)	30	(7)
Obst, Gemüse, Hülsenfrüchte	3 %	0
Insgesamt		5

Wenn N ≥ 11 → N – P ohne Protein = 13 – 5 = 8

NUTRI-SCORE A B C D E

Proteinreiches Müsli (N ≥ 11)

Abb. 3 Berechnung eines proteinangereicherten Müslis nach dem aktualisierten Algorithmus

Das in Abb. 3 gezeigte Müsli enthält 30 % Protein. Die Proteinskala des aktualisierten Algorithmus endet mit 7 Punkten bei Gehalten oberhalb von 17 % Protein (ursprünglicher Algorithmus: maximal 5 Punkte bei mehr als 8 % Protein). Ein hoher Proteingehalt wird demnach nach dem aktualisierten Algorithmus besser bepunktet. Abhängig von der Höhe der N-Punkte greift hier jedoch die Sonderregel. Da das Müsli mehr als 11 N-Punkte bekommt, darf der Proteingehalt nach der Sonderregelung nicht berücksichtigt werden. 7 P-Punkte gehen somit nicht in die Bewertung ein, was statt zu einem Score von B zu einem Score von C führt. Dieses Beispiel zeigt besonders, dass die Sonderregel für den Fall N ≥ 11 fallweise den ernährungsphysiologischen Sinn nicht erkennen lässt. Das Müsli ist proteinangereichert, dies wird mit einer nährwertbezogenen Angabe auf der Verpackung ausgelobt. Was die Verordnung über nährwert- und gesundheitsbezogene Angaben (VNGA, Verordnung (EG) Nr. 1924/2006) als positive nährstoff- und gesundheitsbezogene Aussage zulässt, muss bei der Nutri-Score-Berechnung nach den hier vorliegenden Regeln für die Berechnung der günstigen Nährstoffe unter den Tisch fallen.

4. Fazit Nutri-Score

Wünschenswert wäre entweder eine EU-weite gegenseitige Akzeptanz der nationalen FOP-Nährwertmodelle oder eine EU-weit harmonisierte und verpflichtende FOP-Nährwertkennzeichnung. Dies würde auf dem europäischen Markt zu einer besseren Transparenz und Information für den Verbraucher führen und Handelshemmnisse aufgrund der Nichtakzeptanz von nationalen Nährwertkennzeichnungsmodellen wie dem Nutri-Score abbauen. Insbesondere die Harmonisierung auf EU-Ebene gestaltet sich jedoch schwierig, da Mitgliedstaaten unterschiedliche Ansätze verfolgen.

Der Nutri-Score ist ein einfach verständliches Modell, das es dem Verbraucher ermöglicht, Produkte innerhalb einer Kategorie zu vergleichen. Anders als etwa die britische Ampel berücksichtigt der Nutri-Score auch günstige Nährstoffe und anders als das skandinavische Schlüsselloch ist die fünfstufige Skalierung ausdifferenzierter und daher aussagekräftiger.

Die EU-Kommission hatte in ihrer „vom Hof auf den Tisch"-Strategie vom 20.5.2020 für das vierte Quartal 2022 einen Vorschlag für eine harmonisierte verpflichtende Nährwertkennzeichnung auf der Packungsvorderseite angekündigt, die den Verbraucher in die Lage versetzen soll, eine gesundheitsbewusste Lebensmittelwahl zu treffen. Auf ein bestimmtes Kennzeichnungssystem hat sie sich dabei nicht festgelegt. Leider ist ein entsprechender Vorschlag für die Einführung einer verpflichtenden FOP-Nährwertkennzeichnung bislang nicht in Sicht. Der Nutri-Score könnte als Basis für ein EU-weit einheitliches Modell dienen.

Der aktualisierte Algorithmus führt zu einer Verschlechterung von ein bis zwei Scores für 70 bis 80% der Produkte am Markt. Eine gute Aufklärungskampagne für den Verbraucher ist dringend geboten, um Fehlinterpretationen vorzubeugen.

Längere Übergangsfristen bei Algorithmus-Änderungen und transparente Anpassungszyklen würden die Planbarkeit für Hersteller erhöhen und die wirtschaftlichen Belastungen reduzieren.

II. Nährwertprofile der WHO

Der in zweiter Edition veröffentlichte Katalog von Ernährungskriterien der WHO[6] soll insbesondere Kinder vor Werbung schützen, mit der „ungesunde" Lebensmittel und nichtalkoholische Getränke vermarktet werden. Die WHO sieht in den Nährwertprofilen ein Schlüsselinstrument zur Regulierung der Werbung für „ungesunde" Lebensmittel. Die Profile legen strenge Grenzwerte für Zucker, Salz und Fett fest, um sicherzustellen, dass nur Produkte mit einem „gesundheitsförderlichen" Nährwertprofil beworben werden können. Im Folgenden wird kurz betrachtet, welche Auswirkungen die Werte auf die Praxis haben.

1. Katalog der WHO Nährwertprofile

Das Modell für Nährstoffprofile (NPM) der WHO/Europa enthält für verschiedene Kategorien von Lebensmitteln Nährwertprofile für die im Folgenden genannten „ungünstige" Nährstoffe:

- Gesamtfett,
- Gesättigte Fettsäuren,
- Gesamtzucker,
- Zugesetzter Zucker,
- Süßungsmittel,
- Natrium und
- Gesamtenergie

Das Modell soll von Entscheidungsträgern (z. B. Gesetzgeber, Hersteller:innen) genutzt werden, um die Nährwertqualität von Lebensmitteln zu verbessern, um so gesündere Ernährungsweisen mit geringeren Risiken für ernährungsbedingte Krankheiten zu erreichen.

6 *World Health Organization*, WHO Regional Office for Europe nutrient profile model second edition, 2023, https://iris.who.int/handle/10665/366328.

2. Betrachtung aus der Praxis

Auch die in der zweiten Edition veröffentlichten Nährwertprofile enthalten strenge Kriterien und würden bei strikter Anwendung dazu führen, dass ganze Lebensmittelkategorien faktisch von der Werbung ausgeschlossen werden. Dies betrifft vor allem Produkte wie Schokolade, Desserts, Crème fraîche oder Feine Backwaren.

Tab. 2: Auszug aus dem Katalog des WHO Nährwertprofil Modells 2023

Category no.	Product category	Examples	Total fat (g)	Saturated fat (g)	Total sugars (g)	Added sugars (g)	Non-sugar sweeteners (g)	Sodium (g)	Energy (kcal)
1	Chocolate and sugar confectionery, energy bars, sweet toppings and desserts	Chocolate confectionery Sugar confectionery (including jellies and boiled sweets; chewing-gum and bubble gum; caramels; liquorice sweets, marzipan sweets) Granola and cereal-type bars Spreadable chocolate and other sweet sandwich toppings Nut butters. (e.g., peanut butter) Honey				0	0		
2	Cakes, sweet biscuits and pastries; other sweet bakery wares; and dry mixes for making such	Cookies/sweet biscuits Cakes and sponges Pies and pastries Baked and cooked desserts Pancakes, waffles and French toast Scones and soda bread Dry mixes for making such Tofu- and other plant-based desserts	3			0	0	0.1	

Der o. a. Auszug aus Tabelle 1 des WHO-Katalogs 2023 zeigt die Nährwertprofile beispielhaft für zwei Kategorien:

Kategorie 1: Schokolade, Zuckerwaren, Müsliriegel, süße Aufstriche und Desserts sowie Kategorie 2: Kuchen, süße Kekse, Teige und Backmischungen, andere süße Backwaren.

Kategorie 1 zeigt, dass weder Zucker noch Süßungsmittel im Sinne der Einhaltung der Nährwertprofile zulässig sind. Die Zusammensetzung von Schokolade wird in der EU-Kakao-Richtlinie 2000/36/EG geregelt. Gemäß Anhang I der Richtlinie ist Schokolade definiert als ein Erzeugnis aus Kakaoerzeugnissen und Zuckerarten, das […] mindestens 35 % Gesamtkakaotrockenmasse, davon mindestens 18 % Kakaobutter und mindestens 14 % entölte Kakaotrockenmasse, enthält. Die weiteren in Anhang I definierten Schokoladenarten wie Milch-, Haushaltsmilch- oder weiße Schokolade sind per Legaldefinition Erzeugnisse aus vor allem Kakaoerzeugnissen und Zuckerarten. Alternativ kann der Zucker bei Schokolade durch Süßungsmittel ersetzt werden. Schokolade, die den Nährwertprofilen entspricht, kann es demnach nicht geben. Gleiches gilt für Zuckerwaren, die nach dem Wortlaut ihrer Bezeichnung schon nicht ohne Zucker auskommen. Desserts ohne Zucker oder Süßungsmittel sind sensorisch signifikant von den verkehrsüblichen und produkttypischen Geschmacksnoten abweichend, so dass solche Produkte am Markt kaum Erfolg hätten[7]. Fazit ist, dass die Kategorie 1 in der Praxis nicht von Herstellern genutzt werden kann, um die Nährwertqualität der entsprechenden Produkte zu verbessern.

Ähnliches gilt für Kategorie 2. Kuchen, süße Kekse, Teige, Backmischungen und andere süße Backwaren sollen gemäß den Nährwertprofilen weder Zucker noch Süßungsmittel enthalten, maximal 3 % Gesamtfett und maximal 0,25 % Salz. Backwaren ohne Zucker oder Süßungsmittel entsprechen nicht der Geschmackstypik für diese Kategorie und wären am Markt nicht wettbewerbsfähig. Hinzu kommt, dass nur vorverpackte Lebensmittel im Fokus dieser Betrachtungen stehen, Feine Backwaren aus Konditoreien oder aus der Gastronomie würden weiterhin auf Basis der verkehrsüblichen Rezepturen hergestellt werden.

Die WHO-Nährwertprofile differenzieren nicht nach den üblichen Verzehrmengen und kontextbezogener Nutzung (Bsp.: Butter, Saucen, Dips). Dies führt dazu, dass auch Produkte, die nur in kleinen Mengen konsumiert werden, als „ungesund“ eingestuft werden.

3. Fazit WHO-Nährwertprofil-Modell

Für einige der in Anhang I des WHO-Modells genannten Lebensmittelkategorien ist eine Einhaltung der Nährwertprofile nicht möglich, da die Nährstoffe bereits (legal-)definitionsbedingt enthalten sind. Würden gesetzliche Werbebeschränkungen an die WHO-Nährwertprofile 2023 geknüpft, wie es etwa der 4. Referentenentwurf zum Kinderlebensmittel-Werbegesetz (KLWG) vorgesehen hatte, würde dies zu massiven Beschränkungen der Lebensmittelwerbung führen, was ein tiefer Eingriff in die Berufsausübungsfreiheit bedeuten würde. Die WHO-Kriterien sind grundsätzlich ein wichtiges Instrument zur Förderung einer gesünderen Ernährung, doch die aktuellen Reglungen sind teils unrealistisch und praxisfern.

Die Nährwertkriterien zur Berechnung des Nutri-Scores, die WHO-Nährwertprofile und die in der VNGA genannten Nährwertprofile für

---

7 Sensoriktests der Firma Dr. Oetker bei Paula Pudding ohne Zuckerzusatz.

bestimmte Nährstoffe harmonieren inhaltlich nicht miteinander, was folgendes Beispiel zeigt:

N	Angaben pro 100 g	Punkte
Energie (kJ)	356	1
Ges. Fettsäuren (g)	1,6	1
Zucker (g)	4,4	1
Salz (g)	0,31	1
Insgesamt		**4**

P	Angaben pro 100 g	Punkte
Ballaststoffe (g)	1,5	0
Proteine (g)	10	4
Obst, Gemüse, Hülsenfrüchte	0 %	0
Insgesamt		**4**

N – P = 4 – 4 = 0

NUTRI-SCORE A B C D E

High Protein Schokoladen Pudding

Abb. 4. Nutri-Score A bei einer proteinangereicherten Mousse au Chocolat mit Süßungsmittel nach aktualisiertem Algorithmus

Nach dem aktualisierten Nutri-Score-Algorithmus wird die Mousse au Chocolat mit Nutri-Score A bewertet, während das Produkt nach den WHO-Nährwertprofilen nicht beworben werden dürfte, da Süßungsmittel enthalten sind und es somit für eine gesunde Ernährung nicht empfohlen wird. Eine Harmonisierung und Kohärenz der Systeme gepaart mit praxisnahen Kriterien ist daher dringend geboten, um Transparenz für den Verbraucher zu erreichen und somit die Ziele der Gesundheitspolitik mit den Interessen der Lebensmittelwirtschaft in Einklang zu bringen.

Die praktische Umsetzung des Lieferkettensorgfaltspflichtengesetzes

Peter Hahn

Der Bundestag hat am 11. Juni 2021 das **Gesetz über die unternehmerischen Sorgfaltspflichten in Lieferketten – Lieferkettensorgfaltspflichten (LkSG)** beschlossen. Es trat am 1. Januar 2023 für deutsche Unternehmen mit mindestens 3.000 Arbeitnehmern in Kraft. Ab dem 1. Januar 2024 gilt es auch für Unternehmen mit mindestens 1.000 Arbeitnehmern. Es ist indirekt auch von Kleinen und Mittleren Unternehmen (KMU) zu beachten, soweit diese von den im Gesetz ausdrücklich genannten Unternehmen mit der Belieferung beauftragt werden. Rechtlich führt das Gesetz für die betroffenen Unternehmen vor allem zu einem erheblichen Anpassungs- und Aktualisierungsbedarf in den Bereichen Compliance und nachhaltige Vertragsgestaltung, insbesondere im Rahmen des Einkaufs und der Beschaffung.

Schutzgüter

Das LkSG verfolgt vor allem das Ziel, Menschenrechtsverletzungen in den Lieferketten von Unternehmen zu verhindern und zu beseitigen. Dazu gehören

- Kinderarbeit
- Zwangsarbeit und Sklaverei
- Kein Mindestmaß an Arbeitsschutz und Sicherheitsstandards
- Verweigerung von Arbeitsrechten
- Diskriminierung aufgrund nationaler, sozialer oder ethischer Herkunft
- Keine angemessene Entlohnung
- Widerrechtliche Enteignungen

– Rückgriff auf Sicherheitskräfte, die unternehmerische Interessen mit Gewalt, Folter und/oder Mord durchsetzen.

Die Schädigung der Umwelt wird dann vom LkSG erfasst, wenn sie zu Menschenrechtsverletzungen führen kann. Anzumerken ist, dass die Unternehmen nicht verpflichtet sind, im Kampf gegen Menschenrechtsverletzungen Erfolg zu haben. Sie müssen allerdings dokumentiert nachweisen, dass sie sich darum bemühen. Dieses Bemühen wird von dem Bundesamt für Wirtschaft und Ausfuhrkontrolle (BAFA) überprüft.

Sorgfaltspflichten

Das LkSG beinhaltet gemäß § 3 an die betroffenen Unternehmen gerichtete Sorgfaltspflichten:

1. Einrichtung eines Riskmanagements, § 4 Abs. 1
2. Festlegung einer betriebsinternen Zuständigkeit, § 4 Abs. 3
3. Durchführung regelmäßiger Risikoanalysen, § 5
4. Abgabe einer Grundsatzerklärung, § 6 Abs. 2
5. Verankerung von Präventionsmaßnahmen im eigenen Geschäftsbereich und gegenüber unmittelbaren Zulieferern, intern § 6 Abs. 1 und 3, unmittelbare Lieferanten, Abs. 4
6. Ergreifung von Abhilfemaßnahmen, § 7 Abs. 1 und 3
7. Einrichtung eines Beschwerdeverfahrens, § 8
8. Umsetzung von Sorgfaltspflichten in Bezug auf Risiken bei mittelbaren Zulieferern, § 9
9. Dokumentation und Berichterstattung, § 10 Abs. 1 und 2

Ergänzend ist in diesem Zusammenhang darauf aufmerksam zu machen, dass es unterschiedliche Verpflichtungen für unmittelbare und mittelbare Zulieferer gibt.

Gegenüber unmittelbaren Zulieferern gibt es nach dem LkSG größere Verpflichtungen als gegenüber mittelbaren Zulieferern. Unmittelbarer Zulieferer ist der Vertragspartner. Hier muss das Unternehmen proaktiv ermitteln, inwieweit das Risiko besteht, dass dieser Zulieferer Menschenrechte verletzt, und diese Verletzung durch geeignete Maßnahmen vorbeugen. Mittelbarer Zulieferer ist der Lieferant des Vertragspartners. Hier muss das Unternehmen erst dann die Risiken konkret analysieren sowie Präventionsmaßnahmen verankern, wenn es von einem Verstoß gegen die Menschenrechte erfährt, z. B. durch Hinweise einer Behörde oder durch Berichte über die schlechte Menschenrechtslage in der Produktionsregion.

Die Reichweite der Sorgfaltspflicht ist eine Frage des Einzelfalles und wird gemäß § 3 Abs. 2 LkSG anhand nachfolgend genannter Kriterien konkretisiert:

- Art und Umfang der Geschäftstätigkeit des Unternehmens
- Einflussmöglichkeiten des Unternehmens auf den unmittelbaren Verursacher
- Typischerweise zu erwartende Schwere der Verletzung und der Wahrscheinlichkeit der Verletzung
- Art und Weise des Verursacherbeitrags des Unternehmens zur menschenrechtsbezogenen oder einer umweltbezogenen Pflicht

Einrichtung eines Risikomanagements

Ein angemessenes und wirksames Risikomanagement zur Gewährleistung der vorgenannten Sorgfaltspflichten ist einzurichten. Unternehmensintern ist dafür Sorge zu tragen, dass alle maßgeblichen Geschäftsabläufe durch entsprechende Maßnahmen verankert werden. Unternehmen können dem gerecht werden, indem sie einen „Runden Tisch Lieferkettengesetz“ einrichten. Dort sollen die Zuständigkeiten verteilt und festgelegt werden. Zu beteiligen sind insbesondere die Geschäftsleitung, Compliance-Abteilung, Rechtsabteilung, Einkauf und, soweit vorhanden, die CSR-Abteilung. Es sollen in regelmäßigen Abständen Zusammenkünfte stattfinden. Die Besprechungsergebnisse sind schriftlich festzuhalten.

Seitens der Geschäftsleitung sind die personellen und finanziellen Ressourcen für eine angemessene Überwachung der Lieferkette festzulegen.

Das Gesetz empfiehlt auch die Einrichtung der Position eines Menschenrechtsbeauftragten, der unmittelbar der Geschäftsleitung unterstellt ist.

Risikoanalyse

Gesetzlich gefordert wird, dass das Unternehmen im Rahmen des Risikomanagements eine angemessene Risikoanalyse durchführen muss. Das sollte mindestens einmal jährlich sowie anlassbezogen erfolgen. Dabei geht es um die Ermittlung, ob ein Risiko besteht, dass die eigenen geschäftlichen Handlungen oder geschäftliche Handlungen des unmittelbaren Zulieferers Menschenrechte verletzen. Eine Risikoanalyse ist „anlassbezogen", wenn das Unternehmen mit einer wesentlich veränderten oder wesentlich erweiterten Risikolage in der Lieferkette rechnen muss, etwa durch die Einführung neuer Produkte oder eines neuen Geschäftsfeldes.

Im Rahmen der Risikoanalyse geht es letztlich um eine Bestandsaufnahme aller Geschäftstätigkeiten und Geschäftsbeziehungen des Unternehmens. Das setzt eine Bestandsaufnahme voraus mit den Mitteln der Informationsbeschaffung. Dabei liegt die Methode laut Gesetz im Ermessen des Unternehmens. So kann eine Lieferantenbefragung ebenso vorgenommen werden wie das Führen von Gesprächen. Denkbar sind auch Inspektionen vor Ort. Sinnvoll ist ebenfalls eine Priorisierung der ermittelten Risiken nach Angemessenheitskriterien.

Grundsatzerklärung zu Verfahren, Risiken, Erwartungen an Beschäftigte und Zulieferer

Die Geschäftsleitungen der betroffenen Unternehmen sind verpflichtet, eine Grundsatzerklärung über eine Menschenrechtsstrategie zu verabschieden. Sie muss laut Gesetz enthalten:

- eine Beschreibung des Verfahrens, mit dem das Unternehmen seinen Sorgfaltspflichten nachkommt
- die in der Risikoanalyse festgestellten Risiken unter Bezugnahme auf die entsprechenden internationalen Abkommen

- menschenrechts- und umweltbezogene Erwartungen, die das Unternehmen an seine Beschäftigte und Zulieferer hat

In dieser Erklärung wird grob festgelegt, welche Risiken das Unternehmen insbesondere erkannt hat und was dagegen zu tun ist sowie was davon erwartet wird. Sie sollte unternehmensintern und gegenüber der Öffentlichkeit kommuniziert werden.

Präventionsmaßnahmen im eigenen Geschäftsbereich

Laut Gesetz besteht die Verpflichtung, dass Unternehmen bei einem festgestellten Risiko unverzüglich angemessene Präventivmaßnahmen im eigenen Geschäftsbereich festlegen. Das kann durch einen eigenen Verhaltenskodex erfolgen. In die Einkaufspraktiken kann das Thema der Nachhaltigkeit integriert werden. Dabei kommt dem Einkauf bei der Vermeidung und Minimierung menschenrechtlicher Risiken eine entscheidende Rolle zu. Anhaltspunkt für einen nachhaltigen Einkauf enthält die ISO 20400 Sustainable Procurement (nachhaltiger Einkauf). Diese Zielstellung kann durch die Vertragsgestaltung beeinflusst werden.

Unternehmen können auch durch Bestimmungen in Beschaffungsrichtlinien für die einzelnen Beschaffungsschritte Vorkehrungen treffen, um den identifizierten Risiken vorzubeugen.

Mitarbeiterschulungen und Fortbildungen können zu einer Sensibilisierung führen, d. h. das Lieferkettengesetz soll ein Bestandteil solcher Maßnahmen werden.

Präventionsmaßnahmen mit Blick auf die Zulieferer

Bei einem festgestellten Risiko fordert das Gesetz vom Unternehmen, unverzüglich angemessene Präventivmaßnahmen gegenüber dem Zulieferer zu ergreifen. Hier sind zu nennen:

- sorgfältige Lieferantenauswahl und Lieferantenbewertung
- Erarbeitung eines Lieferantenkodex

- Einbeziehung in die Vertragsgestaltung von konkreten Pflichten, die dem Lieferanten aufgelegt werden bei der Auswahl seiner Vertragspartner oder der Nachweis von Rohstoffen aus zertifizierten Betrieben oder Regionen
- Lieferanten-Monitoring mit regelmäßigen Audits bei Lieferanten
- Lieferanten-Schulungen und Fortbildungen

Abhilfemaßnahmen

Das Gesetz fordert, dass im Unternehmen unverzüglich Abhilfemaßnahmen zu treffen sind, um unmittelbar bevorstehende oder eingetretene Verletzungen zu verhindern, zu beenden oder zu minimieren. Dazu können insbesondere folgende Schritte sinnvoll sein:

- Abbruch der Geschäftsbeziehungen mit dem Lieferanten
- Unverzügliche Aktualisierung von Pflichten

Beschwerdeverfahren

Das gesetzlich geforderte unternehmensinterne Beschwerdeverfahren dient dazu, potentiell Betroffene im eigenen Geschäftsbereich und in und um die Lieferkette, die Kenntnis von menschenrechtlichen und umweltbezogenen Risiken und Verletzungen haben, darauf hinzuweisen.

Dabei sind bestimmte Anforderungen an den Beschwerdemechanismus festzulegen wie die schriftliche Fixierung der Verfahrensweise insbesondere auf die Zielgruppen, den Zugang und die Nutzung des Beschwerdemechanismus, die regelmäßige Veröffentlichung usw.

Dokumentation und Bericht

Unternehmen haben die Erfüllung der Sorgfaltspflichten laut Gesetz zu dokumentieren und zu berichten. Sie ist jährlich dem BAFA vorzulegen, und zwar vier Monate nach Ende des Geschäftsjahres.

Lieferkettenmanagement

Aus der Vielzahl der Sorgfaltspflichten besteht für die betroffenen Unternehmen die Aufgabe, ein Lieferkettenmanagement einzuführen. Dabei sind alle Stufen der Lieferkette – vom Direktlieferanten bis zur Rohstoffgewinnung – zu betrachten. Zusammengefasst geht es dabei um sechs Schritte des Lieferkettenmanagements:

1. Ausgangslage erfassen
2. Strategie und Erwartungshaltung an Lieferanten definieren
3. Maßnahmen gegenüber Lieferanten festlegen
4. Umsetzung sicherstellen (kontinuierliche Überprüfung der Sozial- und Umweltstandards)
5. Indikatoren bestimmen, um das Lieferkettenmanagement zu verfolgen
6. Strategien und Maßnahmen weiterentwickeln

Schlussbemerkung

Das LkSG birgt hohe Haftungsrisiken in Ansehung der Vielzahl der Sorgfaltspflichten. Die Beherrschung dieser neuen Gesetzesmaterie stellt eine Herausforderung dar. Diese setzt eine Vielzahl von einzelnen Schritten voraus, die einer Koordinierung auf Unternehmensebene bedürfen. Dabei kann – soweit vorhanden – auf vorhandenen Compliance-Management-Systemen aufgebaut werden. Das LkSG enthält die gesetzlichen Vorgaben. Diese müssen im Unternehmen durch organisatorische Maßnahmen umgesetzt und durch vertragliche Vereinbarungen in der Lieferkette rechtsverbindlich niedergelegt werden.

Die Folgen bei fehlender Compliance stellen ein erhebliches Risiko dar. Es drohen erhebliche Buß- und Zwangsgelder, der Ausschluss von öffentlichen Aufträgen und die Rückforderung von Fördermitteln.

18. Symposium zum Lebensmittelrecht 2024

Verpackungen von Lebensmitteln – Rechtliche Grundlagen: Entwicklungen auf unionsrechtlicher und deutscher Ebene

Dr. Frederik Fiekas

Im Bereich der Nachhaltigkeit unterliegt auch die Lebensmittelindustrie zunehmender Regulierung. Es ist daher nicht verwunderlich, dass die Anforderungen an (Lebensmittel-)Verpackungen gesetzlich vorgeschrieben sind. Die Vorgaben ergeben sich derzeit aus dem Gesetz über das Inverkehrbringen, die Rücknahme und die hochwertige Verwertung von Verpackungen („**Verpackungsgesetz**", „**VerpackG**"). In Kürze wird jedoch die Verordnung über Verpackungen und Verpackungsabfälle, zur Änderung der Verordnung (EU) 2019/1020 und der Richtlinie (EU) 2019/904 sowie zur Aufhebung der Richtlinie 94/62/EG („**EU-Verpackungsverordnung**", „**EU-VerpackVO**") in Kraft treten und die Regelungen zu Verpackungen auf europäischer Ebene harmonisieren.

Der folgende Beitrag soll einen Überblick zu den aktuellen gesetzlichen Vorgaben des Verpackungsgesetzes geben sowie einen Ausblick auf die zukünftigen Regelungen auf europäischer Ebene infolge des Inkrafttretens der EU-Verpackungsverordnung[1] bieten.

I. Hintergrund des Verpackungsgesetzes und die ZSVR

Zur Umsetzung der europäischen Verpackungsrichtline 94/62/EG[2] trat in Deutschland mit Wirkung zum 1. Januar 2019 das Verpackungsgesetz in Kraft.[3] Das Verpackungsgesetz löste die Verordnung über die

1 Zum Zeitpunkt der Manuskripterstellung liegt der Text der EU-Verpackungsverordnung lediglich im Entwurfsstadium vor. Sofern im Folgenden auf konkrete Regelungen des Entwurfs der EU-Verpackungsverordnung Bezug genommen wird, sind diese Bezugnahmen mit *„EU-VerpackVO Entwurf"* gekennzeichnet.

2 Abl. Nr. L 365/11 vom 31.12.1994, Richtlinie über Verpackungen und Verpackungsabfälle.

3 BGBl. I 2017, S. 2234, 2260.

Vermeidung von Verpackungsabfällen („**Verpackungsverordnung**", „**VerpackV**")[4] aus dem Jahr 1991 ab. Mit dem Verpackungsgesetz reagierte der Gesetzgeber auf das kontinuierlich wachsende Aufkommen an Verpackungsmüll. Neben einer effektiveren Förderung der Abfallvermeidung erhoffte er sich insbesondere eine deutliche Steigerung der Recyclingquoten und eine bessere Kontrolle der sogenannten *„Systemteilnehmer"*.[5] Jeder Hersteller, der in Deutschland Verpackungen, die nach dem Gebrauch typischerweise beim privaten Endverbraucher als Abfall anfallen, erstmals in den Verkehr bringt, muss sich bereits vor diesem Inverkehrbringen durch Beteiligung an einem *„dualen System"* um deren ordnungsgemäße Entsorgung kümmern. Diese Ziele, die bereits im Grundsatz der Verpackungsverordnung zugrunde lagen, wurden vor Inkrafttreten des Verpackungsgesetzes durch offenkundigen Missbrauch und systematische Umgehung durch einzelne Systemteilnehmer unterlaufen.[6] Es bestanden insbesondere keine zuverlässigen Mechanismen, um die Systembeteiligung betroffener Unternehmen nachzuprüfen.

Um dieser Entwicklung entgegenzutreten, wurde mit Inkrafttreten des Verpackungsgesetzes die Zentrale Stelle Verpackungsregister („**ZSVR**") geschaffen. An die ZSVR sind sämtliche Informationen über die in Verkehr gebrachten Verpackungen zu übermitteln (Art, Menge etc.). Als weiterer Kontrollmechanismus wurde mit dem Verpackungsgesetz eine Registrierungspflicht eingeführt. Infolgedessen sollte eine größere Transparenz geschaffen werden, um Verstöße gegen die Systembeteiligungspflicht zuverlässig identifizieren zu können. Hierdurch kann die ZSVR anhand eines Datenabgleichs erkennen, ob Hersteller systembeteiligungspflichtiger Verpackungen auch tatsächlich in der gesetzlich vorgegebenen Weise für deren Entsorgung aufkommen.

---

4 BGBl. I 1991, S. 1234.

5 BT-DrS. 18/11274, S. 2, 50.

6 Der Anteil sogenannter *„Trittbrettfahrer"* wurde auf bis zu 30 % geschätzt, siehe BT-DrS. 18/11274, S. 50, 140.

II. Wen betrifft das Verpackungsgesetz?

Das Verpackungsgesetz richtet sich an Hersteller und Vertreiber von mit Ware befüllten Verpackungen. Die Definitionen der unterschiedlichen Verpackungsarten finden sich in § 3 Abs. 1 VerpackG. Sie setzen sich zusammen aus einer einleitenden, allgemeinen Verpackungsdefinition und einem besonderen Definitionsteil, der die typische Funktion und Verwendung der jeweiligen Verpackungsart beschreibt.[7] Nach § 3 Abs. 1 S. 1 Hs. 1 VerpackG sind Verpackungen

> „*aus beliebigen Materialien hergestellte Erzeugnisse zur Aufnahme, zum Schutz, zur Handhabung, zur Lieferung oder zur Darbietung von Waren, die vom Rohstoff bis zum Verarbeitungserzeugnis reichen können [und] vom Hersteller an den Vertreiber oder Endverbraucher weitergegeben werden.*"

Anknüpfend an diesen allgemeinen Verpackungsbegriff werden in § 3 Abs. 1 Nr. 1 bis Nr. 3 VerpackG anhand der jeweiligen Funktion grundsätzlich drei Verpackungstypen unterschieden: Verkaufs-, Um- und Transportverpackungen. Zusätzlich kennt das Verpackungsgesetz noch Service- und Versandverpackungen als besondere Formen der Verkaufsverpackungen. Im Folgenden soll lediglich kurz auf Verkaufs- und Transportverpackungen näher eingegangen werden.

1. Verkaufsverpackungen

Gemäß § 3 Abs. 1 Nr. 1 Hs. 1 VerpackG sind Verkaufsverpackungen Verpackungen, die dem Endverbraucher als Verkaufseinheit aus Ware und Verpackung angeboten werden. Im Lebensmittelbereich fallen hierunter beispielsweise eingeschweißte Wurstscheiben oder Süßigkeiten, die in aufreißbaren Tüten verpackt sind (z. B. HARIBO Goldbären). Nicht in den Anwendungsbereich des Verpackungsgesetzes fallen dagegen Verpackungen, die zwar grundsätzlich als Verkaufsverpackungen konzipiert sind, jedoch in einem unbefüllten Zustand abgegeben werden. Wird eine inhaltsleere Verpackung angeboten, ist diese selbst die Ware, die wiederum ihrerseits verpackt sein kann.

---

7 BT-DrS. 18/11274, S. 81.

2. Transportverpackungen

Hiervon abzugrenzen sind insbesondere Transportverpackungen. Denn Transportverpackungen unterliegen im Gegensatz zu Verkaufsverpackungen nicht der Systembeteiligungspflicht gemäß § 7 Abs. 1 VerpackG. Nach § 3 Abs. 1 S. 1 Nr. 3 VerpackG sind Transportverpackungen Verpackungen, die typischerweise nicht zur Weitergabe an den Endverbraucher bestimmt sind, sondern der Handhabung des Transports der Ware dienen. Neben Transportpaletten oder Thermoboxen aus Styropor zählen unter anderem auch verschiedene Packmittel, wie z. B. Transportfolien zur Bündelung von Verkaufseinheiten zu einer Transporteinheit.[8]

3. Hersteller

Der Begriff *„Hersteller"* wird in § 3 Abs. 14 S. 1 VerpackG definiert. Danach gilt als Hersteller derjenige Vertreiber, der Verpackungen erstmals gewerbsmäßig in Verkehr bringt. Unter *„Inverkehrbringen"* wird gemäß § 3 Abs. 9 S. 1 VerpackG die entgeltliche oder unentgeltliche Abgabe an Dritte im Geltungsbereich des Gesetzes mit dem Ziel des Vertriebs des Verbrauchs oder der Verwendung verstanden. Dadurch, dass § 3 Abs. 14 S. 1 VerpackG nicht darauf abstellt, ob der *„Erstinverkehrbringer"* derjenige ist, der die Verpackung herstellt, produziert oder entwickeln lässt, geht der Herstellerbegriff des Verpackungsgesetzes weit über das umgangssprachliche Verständnis hinaus. Wichtig ist, dass gemäß § 3 Abs. 14 S. 2 VerpackG auch derjenige als Hersteller gilt, der Verpackungen gewerbsmäßig in den Geltungsbereich des Gesetzes einführt. Infolgedessen erfasst das Verpackungsgesetz auch Importeure. Folglich fallen hierunter auch Lebensmittelunternehmen mit Sitz im Ausland, die mit Lebensmitteln befüllte Verpackungen nach Deutschland exportieren und zum Zeitpunkt des Grenzübertritts die rechtliche Verantwortung für die Ware tragen. Das bedeutet, dass diese beispielsweise das Transportrisiko tragen und für die Einfuhr sowie gegebenenfalls die Verzollung von Lieferungen aus nicht-EU-Staaten verantwortlich sind. Aber auch Lebensmittelunternehmen mit Sitz im Inland, die Lebensmittel nach Deutschland importieren und zum Zeit-

8 Vgl. ZSVR, Einordnungsentscheidung vom 25.06.2019 (Styroporbox für Frischfisch).

punkt des Grenzübertritts die rechtliche Verantwortung für die Ware tragen, sind Hersteller im Sinne des Verpackungsgesetzes.

III. Welche Pflichten ergeben sich aus dem Verpackungsgesetz?

Das Verpackungsgesetz enthält zahlreiche Pflichten. Wichtig sind insbesondere die Registrierungs- und die Systembeteiligungspflicht.

1. Registrierungspflicht gemäß § 9 VerpackG

Die Vorschrift des § 9 VerpackG bestimmt, dass Hersteller von mit Ware befüllten Verpackungen sich vor dem Inverkehrbringen der Verpackungen bei der ZSVR im Verpackungsregister LUCID registrieren müssen. Durch die Registrierungspflicht soll eine bessere Überwachungsgrundlage geschaffen werden. Außerdem soll die im Internet frei zugängliche Veröffentlichung der wesentlichen Registrierungsdaten eine effektive Selbstkontrolle des Marktes ermöglichen.[9] Die erstmalige Registrierung sowie gegebenenfalls erforderliche Änderungsmitteilungen sind über die Website der ZSVR vorzunehmen (vgl. § 9 Abs. 3 S. 1 VerpackG).

Die Pflichtangaben, die bei einer Registrierung zu machen sind, werden in § 9 Abs. 2 S. 1 VerpackG genannt. Es müssen insbesondere folgende Angaben gemacht werden:

- Name, Anschrift und Kontaktdaten des Herstellers
- Angabe einer vertretungsberechtigten natürlichen Person
- nationale Kennnummer und E-Mail-Adresse des Herstellers
- Markennamen, unter denen der Hersteller Verpackungen in Verkehr bringt
- aufgeschlüsselte Angaben zu Verpackungen (systembeteiligungspflichtige Verpackungen, Transportverpackungen, Verkaufsverpackungen, Umverpackungen, Mehrwegverpackungen)

9 BT-DrS. 18/11274, S. 92.

Wichtig ist, dass es für das etwaige Bestehen dieser Registrierungspflicht keine Rolle spielt, ob zugleich auch eine Systembeteiligungspflicht für den jeweiligen Hersteller besteht.

2. Systembeteiligungspflicht gemäß § 7 VerpackG

Gemäß § 7 Abs. 1 S. 1 VerpackG müssen sich Hersteller systembeteiligungspflichtiger Verpackungen an einem *„System"* beteiligen. Faktisch bedeutet dies, dass die betroffenen Unternehmen die von ihnen in Verkehr gebrachten Abfälle lizensieren, also einen Beitrag zahlen müssen, um die Kosten der Entsorgung zu decken. Die Systembeteiligungspflicht erstreckt sich auf Verkaufs- und Umverpackungen, die mit Ware befüllt sind und typischerweise beim privaten Endverbraucher als Abfall anfallen. Für Transportverpackungen besteht dagegen keine Systembeteiligungspflicht.

Gemäß § 3 Abs. 11 S. 1 VerpackG sind private Endverbraucher private Haushaltungen und mit diesen nach der Art der dort typischerweise anfallenden Verpackungsabfälle vergleichbare Anfallstellen. Beispiele für vergleichbare Anfallstellen werden in § 3 Abs. 11 S. 2 VerpackG exemplarisch, also nicht abschließend, aufgeführt. Hierzu zählen z. B. Gaststätten, Hotels, Raststätten oder Kantinen. Aber auch Restaurants, Biergärten oder Großküchen sind vergleichbare Anfallstellen im Sinne des Verpackungsgesetzes.[10]

IV. Aktueller Stand der EU-Verpackungsverordnung und ihre Ziele

Zum Zeitpunkt der Manuskripterstellung wurde die EU-Verpackungsverordnung zwar bereits formell angenommen, die finale Textfassung der Verordnung aber noch nicht im EU-Amtsblatt veröffentlicht. In zeitlicher Hinsicht ist jedoch vorgesehen, dass die EU-Verpackungsverordnung 20 Tage nach ihrer Veröffentlichung im EU-Amtsblatt in Kraft tritt und 18 Monate nach ihrem Inkrafttreten angewendet werden muss.

10 Vgl. die im Internet frei einsehbare Übersicht der ZSVR zu vergleichbaren Anfallstellen: https://www.verpackungsregister.org/fileadmin/files/Katalog/Anfallstellenliste.pdf (zuletzt aufgerufen am: 20.12.2024).

Der Entwurf der EU-Verpackungsverordnung beinhaltet insgesamt 188 Erwägungsgründe. Grundsätzlich soll die EU-Verpackungsverordnung als Teil des im Green Deal verankerten Aktionsplans für die Kreislaufwirtschaft die Nachhaltigkeit von Produkten fördern. Primäres Ziel der neuen Verordnung ist, die Zunahme der in der EU anfallenden Verpackungsabfälle zu bekämpfen und gleichzeitig den Binnenmarkt für Verpackungen zu harmonisieren und die Kreislaufwirtschaft zu fördern. Die wesentlichen Ziele der EU-Verpackungsverordnung lassen sich wie folgt zusammenfassen:

- Förderung der Nachhaltigkeit von Produkten
- Bekämpfung der Zunahme von Verpackungsabfällen
- Harmonisierung des Binnenmarkts für Verpackungen
- Förderung der Kreislaufwirtschaft
- Konkret: Verringerung der Verpackungsabfälle um 15 % pro Mitgliedsstaat und Kopf bis 2040 im Vergleich zu 2018

V. Die wesentliche Abgrenzungsfrage: Produkt oder Verpackung?

Die EU-Verpackungsverordnung legt Regelungen für den gesamten Lebenszyklus von Verpackungen fest. Daher stellt sich als erstes die Frage, was überhaupt unter „*Verpackungen*" verstanden wird. Der Verpackungsbegriff wird ausführlich in Art. 3 Abs. 1 Nr. 1 a) bis g) EU-VerpackVO Entwurf definiert. Von zentraler Bedeutung ist die Definition in Art. 3 Abs. 1 Nr. 1 a) EU-VerpackVO Entwurf. Danach ist eine Verpackung ein

> „*Gegenstand, unabhängig davon, aus welchen Materialien dieser gefertigt ist, der zur Nutzung durch einen Wirtschaftsakteur zur Aufnahme oder zum Schutz, zur Handhabung, zur Lieferung oder zur Darbietung von Produkten an einen anderen Wirtschaftsakteur oder an einen Endabnehmer bestimmt ist und aufgrund seiner Funktion, seines Materials und seiner Gestaltung nach Verpackungsformat differenziert werden kann, einschließlich: a) eines Gegenstand, der erforderlich ist, um ein Produkt während seiner gesamten Lebensdauer aufzuneh-*

men, ihm Halt zu geben oder es haltbar zu machen, ***ohne ein integraler Bestandteil des Produkts zu sein, und der dazu bestimmt ist, mit dem Produkt verwendet, verbraucht oder entsorgt zu werden;***"[11]

Der Verpackungsbegriff ist damit sehr weitgehend. Wichtig ist jedoch der letzte Satzteil des Art. 3 Abs. 1 Nr. 1 a) EU-VerpackVO Entwurf, der eine Rückausnahme definiert: Integrale Bestandteile eines Produkts, die dazu bestimmt sind, mit dem Produkt verwendet, verbraucht oder entsorgt zu werden, gelten nicht als „*Verpackungen*" im Sinne der EU-Verpackungsverordnung.

Die Anwendbarkeit dieser Ausnahmeregelung sollte bezüglich der eigenen Lebensmittelprodukte unbedingt geprüft werden, um nicht vorschnell auch integrale Bestandteile eines Produkts fälschlicherweise als Verpackung zu deklarieren. Es ist zu empfehlen, im jeweiligen Einzelfall produktspezifisch zu prüfen, ob bzw. welche Produktbestandteile als Verpackungen gelten. Im besten Fall ist der Anwendungsbereich der EU-Verpackungsverordnung für das jeweilige Lebensmittelprodukt nicht oder nur eingeschränkt eröffnet mit der Folge, dass auch die verpackungsrechtlichen Pflichten nicht (vollumfänglich) beachtet werden müssen.

Im Übrigen stellt sich die wesentliche Abgrenzungsfrage „*Produkt oder Verpackung?*" nicht erst im Lichte der EU-Verpackungsverordnung, sondern bereits im Rahmen des nationalen Verpackungsgesetzes. Auch nach § 3 Abs. 1 S. 2 i. V. m. Anlage 1 VerpackG gelten Gegenstände nicht als Verpackung, die integraler Teil eines Produkts sind, die zur Umschließung, Unterstützung oder Konservierung dieses Produkts während seiner gesamten Lebensdauer benötigt werden und alle Komponenten für die gemeinsame Verwendung, den gemeinsamen Verbrauch oder die gemeinsame Entsorgung bestimmt sind.

---

11 Hervorhebungen durch Verfasser.

VI. Müssen Lebensmittelverpackungen recyclingfähig sein?

In Art. 6 EU-VerpackVO Entwurf werden Regelungen zu recyclingfähigen Verpackungen getroffen.

1. Grundsatz der Recyclingfähigkeit

Unter Art. 6 Abs. 1 EU-VerpackVO Entwurf heißt es wörtlich:

> *„Alle in Verkehr gebrachten Verpackungen müssen recyclingfähig sein."*

Art. 6 Abs. 1 EU-VerpackVO Entwurf formuliert damit den Grundsatz, dass alle Verpackungen – unabhängig vom Inhalt – recyclingfähig sein müssen. Welche Anforderungen hierfür im Detail zu erfüllen sind, wird unter Art. 6 Abs. 2 ff. EU-VerpackVO Entwurf ausführlich und überaus kompliziert geregelt. Zur weiteren Konkretisierung der Recyclingfähigkeit wird die EU-Kommission zukünftig Durchführungsrechtsakte erlassen. Wie die unter Art. 6 Abs. 1 EU-VerpackVO Entwurf festgelegte Pflicht zur Recyclingfähigkeit tatsächlich erfüllt werden soll, wird sich vermutlich erst in der Praxis zeigen. Es steht aber bereits jetzt fest, dass eine ordnungsgemäße Erfüllung dieser Verpflichtung mit einem erheblichen Aufwand verbunden sein wird. Es ist daher dringend zu empfehlen, dass sich die betroffenen Unternehmen möglichst frühzeitig mit den konkreten Anforderungen auseinandersetzen, um die erforderlichen Prozesse zur Umsetzung etablieren zu können.

2. Ausnahmevorschriften

Die EU-Verpackungsverordnung sieht allerdings auch Ausnahmen von der Pflicht zur Recyclingfähigkeit von Verpackungen vor. Diese sind in Art. 6 Abs. 11 EU-VerpackVO Entwurf abschließend geregelt. Für die Lebensmittelindustrie dürfte lediglich die unter Art. 6 Abs. 11 e) EU-VerpackVO Entwurf formulierte Ausnahmevorschrift relevant sein. Danach gilt Art. 6 EU-VerpackVO Entwurf nicht für

> *„kontaktempfindliche Verpackungen für Säuglingsanfangsnahrung und Folgenahrung, Getreidebeikost und andere Beikost*

> *sowie Lebensmittel für besondere medizinische Zwecke im Sinne von Artikel 1 Buchstaben a, b und c der Verordnung (EU) Nr. 609/2013;"*

Welche Verpackungen als „*kontaktempfindliche Verpackungen*" gelten, wird in Art. 3 Abs. 1 Nr. 49 EU-VerpackVO Entwurf festgelegt. Als kontaktempfindliche Verpackungen werden danach solche Verpackungen verstanden, die unter eine der in Art. 3 Abs. 1 Nr. 49 EU-VerpackVO Entwurf genannten Verordnungen oder Richtlinien fallen. Für die Lebensmittelindustrie dürfte lediglich die Richtlinie 2002/46/EG des Europäischen Parlaments und des Rates[12] relevant sein.

3. Keine „Ewigkeitsgarantie"

Die Ausnahmen in Art. 6 Abs. 11 EU-VerpackVO Entwurf haben allerdings keine *„Ewigkeitsgarantie"*. Gemäß Art. 6 Abs. 12 EU-VerpackVO Entwurf prüft die Europäische Kommission bis zum 1. Januar 2035 die Ausnahmeregelungen, wobei sie mindestens die Entwicklung der Sortier- und Recyclingtechnologien und die praktischen Erfahrungen der Wirtschaftsakteure und der Mitgliedsstaaten berücksichtigt. Auf dieser Grundlage bewertet die Europäische Kommission die Angemessenheit des Fortbestands der Ausnahmeregelungen und legt gegebenenfalls einen Gesetzgebungsvorschlag zur Änderung vor. Es ist daher nicht ausgeschlossen, dass auch die in Art. 6 Abs. 11 EU-VerpackVO Entwurf genannten Verpackungen zukünftig recyclingfähig sein müssen. Sollte sich der derzeitige „*Nachhaltigkeitstrend*" fortsetzen, muss in Zukunft mit einer allumfassenden Pflicht zur Recyclingfähigkeit gerechnet werden.

VII. „Minimierungsgebot"

Die EU-Verpackungsverordnung sieht für Verpackungen ein „*Minimierungsgebot*" vor. Unter Art. 10 Abs. 1 EU-VerpackVO Entwurf heißt es wörtlich:

---

12 Richtlinie 2002/46/EG des Europäischen Parlaments und des Rates vom 10. Juni 2002 zur Angleichung der Rechtsvorschriften der Mitgliedsstaaten über Nahrungsergänzungsmittel (ABl. L 183 vom 12.07.2002, S. 51).

> *„Ab dem 1. Januar 2030 stellt der **Erzeuger** oder **Importeur** sicher, dass die in Verkehr gebrachten Verpackungen so gestaltet sind, dass ihr Gewicht und ihr Volumen unter Berücksichtigung der Form und des Materials, aus dem die Verpackungen bestehen, auf das zur Gewährung ihrer Funktionsfähigkeit erforderliche Mindestmaß reduziert sind.*“[13]

1. Erzeuger und Importeur

Das Minimierungsgebot erfasst damit sowohl „*Erzeuger*“ als auch „*Importeure*“. Beide Begriffe werden unter Art. 3 Abs. 1 Nr. 13 EU-VerpackVO Entwurf (Erzeuger) und Art. 3 Abs. 1 Nr. 17 EU-Verpack-VO Entwurf (Importeuer) definiert. Insbesondere die Definition des Erzeugers ist nach dem derzeitigen Wortlaut des Entwurfs der EU-Verpackungsverordnung äußerst kompliziert. Auf jeden Fall werden solche Unternehmen vom Erzeugerbegriff erfasst, die in einem Mitgliedsstaat verpackte Lebensmittel herstellen.

Der Begriff des „*Importeurs*“ wird im Rahmen der EU-Verpackungsverordnung aufgrund ihres europaweiten Anwendungsbereichs anders definiert als der Importeur im Sinne des nationalen Verpackungsgesetzes. Im Gegensatz zum Verpackungsgesetz gelten auf Grundlage der EU-Verpackungsverordnung (nur noch) solche Unternehmen als Importeure, die verpackte Lebensmittel aus einem Drittstaat importieren. Das bedeutet, Unternehmen mit Sitz in Deutschland, die nicht in Deutschland, sondern einem anderen Mitgliedsstaat Lebensmittel produzieren und von dort importieren, sind keine Importeure im Sinne der EU-Verpackungsverordnung.

2. Technische Dokumentation

Zur Überprüfung der Frage, ob das Gewicht und das Volumen der in Verkehr gebrachten Verpackungen „*auf das zur Gewährleistung ihrer Funktionsfähigkeit erforderliche Mindestmaß*“ reduziert wurden, wird eine technische Dokumentation verlangt. Hierzu heißt es unter Art. 10 Abs. 4 EU-VerpackVO Entwurf:

---

13 Hervorhebungen durch Verfasser.

> *„Die Einhaltung der in den Absätzen 1 und 2 dieses Artikels genannten Anforderungen ist in der gemäß Anhang VII erstellten technischen Dokumentation nachzuweisen, die Folgendes enthält:*
>
> *a) eine Erläuterung der technischen Spezifikationen, Normen und Bedingungen, die bei der Bewertung der Verpackung anhand der in Anhang IV festgelegten Leistungskriterien und Methoden verwendet wurden;*
>
> *b) die Anforderungen für die Gestaltung, die eine weitere Verringerung des Verpackungsgewichts oder -volumens verhindern, für jedes dieser Leistungskriterien;*
>
> *c) Testergebnisse, Studien oder andere relevante Quellen – wie Modellierungen und Simulationen –, die zur Bewertung des erforderlichen Mindestvolumens oder Mindestgewichts der Verpackung herangezogen wurden.*
>
> *Bei wiederverwendbaren Verpackungen sind bei der Bewertung der Einhaltung der Anforderungen gemäß Absatz 1 dieses Artikels die Merkmale von wiederverwendbaren Verpackungen und in erster Linie die in Artikel 11 festgelegten Anforderungen zu berücksichtigen."*

Letztendlich ist das Ausmaß der Betroffenheit durch das Minimierungsgebot im jeweiligen Einzelfall zu prüfen und es müssen erforderlichenfalls die unter Art. 10 Abs. 4 EU-VerpackVO Entwurf festgelegten Anforderungen hinsichtlich der technischen Dokumentation erfüllt werden.

VIII. Kennzeichnungspflichten

Die EU-Verpackungsverordnung sieht zudem Kennzeichnungspflichten für (Lebensmittel-)Verpackungen vor und formuliert hierzu unter Art. 12 Abs. 1 bis Abs. 12 EU-VerpackVO Entwurf umfassende Regelungen. Wichtig ist, dass die gemäß diesen Vorgaben erforderlichen Kennzeichnungen und/oder QR-Codes gut sichtbar, deutlich lesbar und fest auf der jeweiligen Verpackung angebracht, aufgedruckt oder eingraviert sein müssen, sodass sie nicht leicht entfernt werden können. Außerdem müssen die in den Kennzeichnungen enthaltenen Informationen auch den Endabnehmern vor dem Kauf des Produkts im Online-Verkauf zur Verfügung stehen. Ist eine solche Anbringung, ein solcher Aufdruck oder eine solche Gravur aufgrund der Beschaffenheit und der Größe der Verpackungen nicht möglich oder nicht sinnvoll, so wird die Kennzeichnung bzw. der QR-Code auf der Umverpackung[14] angebracht.

Im Ergebnis müssen auch die gemäß der EU-Verpackungsverordnung vorgesehenen Kennzeichnungspflichten im Detail geprüft werden, um den gegebenenfalls einschlägigen Verpflichtungen hinreichend nachzukommen.

IX. Fazit

Es lässt sich folgendes Fazit ziehen:

- Bereits das (nationale) Verpackungsgesetz enthält zahlreiche regulatorische Vorgaben und Regelungen. In diesem Beitrag wurde lediglich kursorisch auf die Registrierungs- und die Systembeteiligungspflicht eingegangen. Die EU-Verpackungsverordnung umfasst in jedem Fall weitaus mehr Pflichten.
- Die EU-Verpackungsverordnung ist äußerst kompliziert, leider sehr unübersichtlich strukturiert und komplex. Bezeichnenderweise beinhaltet sie insgesamt 71 (!) Definitionen unterschiedlicher Begrifflichkeiten. Die Bedeutungen dieser Begriffe sind häufig sehr ähnlich; bei einer genaueren Betrachtung unterscheiden sie sich jedoch im Detail (z. B. „*Wirtschaftsakteur*“, „*Erzeuger*“, „*Hersteller*“, „*Lieferant*“, „*Vertreiber*“, „*Importeur*“, „*Endvertreiber*“, „*Endabnehmer*“ …).
- Das Ausmaß der Betroffenheit für die Lebensmittelindustrie lässt sich nicht pauschal skalieren, sondern muss produktspezifisch geprüft werden. Es bestehen partielle Ausnahmen, aber auch Sondervorschriften für Lebensmittel, die identifiziert und genau geprüft werden müssen.

14 Vgl. hierzu die Definition in Art. 3 Abs. 1 Nr. 6 EU-VerpackVO Entwurf.

Damit stellt die EU-Verpackungsverordnung auch die Lebensmittelindustrie vor große Herausforderungen. Dies gilt insbesondere vor dem Hintergrund, dass im Rahmen dieses Beitrags lediglich ein Überblick zu ausgewählten Vorschriften der EU-Verpackungsverordnung gegeben werden konnte. Die EU-Verpackungsverordnung trifft beispielsweise auch Regelungen zu besonderen Anforderungen an Stoffe (insbesondere per- und polyfluorierte Alkylsubstanzen (PFAS)), Mindestrezyklatanteile, Konformitätsbewertungsverfahren, dem Herstellerregister und der erweiterten Herstellerverantwortung.

Amtliche Probenahme im Internethandel – Aktuelle rechtliche Fragen

Britta Friemel

A. Allgemeines und Rechtsgrundlagen

I. Zweck der anonymen Probenahme

Mit der anonymen Probenahme im Internethandel werden verschiedene Zwecke[1] verfolgt.

Zunächst ist festzustellen, dass der Verkauf von Waren durch den Einsatz von Fernkommunikationstechniken stetig zunimmt. Dies gilt insbesondere auch im Bereich von Erzeugnissen im Sinne des Lebensmittel- und Futtermittelgesetzbuches (LFGB). Eine ergänzende Überwachung in diesem Bereich ist daher zwingend erforderlich.

Darüber hinaus ist es zur Sicherstellung eines effektiven Verbraucherschutzes essentiell, dass die Onlineprobenahme auch anonym erfolgen kann. Müsste die zuständige Behörde ihre behördliche Identität bei der Probenbestellung aufdecken, so käme dies einer angekündigten Kontrolle gleich, welche gem. Art. 9 Abs. 4 VO (EU) 2017/625 unzulässig ist. Der Onlinehändler könnte sich auf die Onlineprobenahme gerade einstellen, was dem Zweck der Probenahme entgegenstehen würde.

Ferner ist im Rahmen der anonymen Probenahme im Internethandel auch der Grundsatz der Gleichbehandlung zwischen stationärem Handel und Internethandel zu beachten. Eine Ungleichbehandlung der Probenahme vor Ort und der im Internethandel muss vermieden werden. Der Onlinehändler darf somit bei der Onlineprobenahme im Vergleich zu einem stationären Händler weder benachteiligt noch begünstigt werden.

---

1 Vgl. Gesetzesbegründung zum 4. LFGB-Änderungsgesetz, Drucksache 617/20, zu Art. 1, zu Nr. 32.

II. Zuständigkeiten

Die Kontrolle von Lebensmitteln bzw. Erzeugnissen im Sinne des LFGB ist grundsätzlich Aufgabe der einzelnen Bundesländer.

Dies betrifft auch den Bereich des Internethandels.

Demnach ergibt sich die jeweils „zuständige Behörde" im Sinne des § 43a LFGB aus dem jeweiligen Landesrecht.

Ergänzend findet eine Bündelung von Informationen aus Bundesländern, EU-Mitgliedstaaten und Drittstaaten statt durch die im Auftrag der Bundesländer geführte Zentralstelle am BVL „Kontrolle der im Internet gehandelten Erzeugnisse des LFGB und Tabakerzeugnisse" (kurz: G@ZIELT).

III. § 43a LFGB – Regelungsgehalt neben Verordnung (EU) 2017/625 („EU-Kontrollverordnung")

Die Vorschrift des § 43a LFGB wurde mit Neufassung des LFGB im September 2021 aufgenommen. Grundlage für **§ 43a** LFGB ist dabei Artikel 36 Kontrollverordnung (EU) 2017/625[2]. Da der Unionsgesetzgeber somit ohnehin bereits eine unmittelbar geltende Vorschrift in Hinblick auf die anonyme Onlineprobenahme erlassen hat, stellt

---

2 Art. 36 **Probenahme bei Tieren und Waren, die durch Einsatz von Fernkommunikationstechniken zum Verkauf angeboten werden**
(1) Im Fall von Tieren und Waren, die durch Einsatz von Fernkommunikationstechniken zum Verkauf angeboten werden, dürfen Proben, die die zuständigen Behörden beim Unternehmer angefordert haben, ohne sich zu erkennen zu geben, für die Zwecke einer amtlichen Kontrolle verwendet werden.
(2) Die zuständigen Behörden ergreifen nach Erhalt der Proben alle Maßnahmen, damit die Unternehmer, von denen diese Proben gemäß Abs. 1 angefordert wurden,
a) darüber unterrichtet werden, dass diese Proben im Rahmen einer amtlichen Kontrolle entnommen und gegebenenfalls zum Zweck einer amtlichen Kontrolle analysiert oder getestet werden, und
b) von dem Recht auf ein zweites Sachverständigengutachten gemäß Art. 34 Abs. 1 Gebrauch machen können, wenn die in jenem Abs. genannten Proben analysiert oder getestet werden.
(3) Die Abs. 1 und 2 gelten für beauftragte Stellen und natürliche Personen, denen bestimmte Aufgaben der amtlichen Kontrolle übertragen worden sind.

sich die Frage, ob neben der Unionsvorschrift überhaupt noch die Erforderlichkeit für eine nationale Vorschrift besteht.

Seitens des nationalen Gesetzgebers wird die Erforderlichkeit einer eigenen nationalen Regelung (§ 43a LFGB) bejaht. Hiernach *„könnte zwar auf eine ergänzende nationale Regelung verzichtet werden, da sich die Möglichkeit der anonymen Probenahme bereits aus der Verordnung (EU) 2017/625 ergibt. […] Allerdings würde ein Verzicht auf nähere Regelungen bedeuten, dass wichtige Fragen im Zusammenhang mit dem Recht des Unternehmers auf eine Gegenprobe und beispielsweise der Kostenerstattung für die Behörden ungeregelt bleiben würden. Zudem würde dies im Hinblick auf den Gleichheitsgrundsatz zu einer Ungleichbehandlung zwischen der Probenahme vor Ort und der Probenahme unter Einsatz von Fernkommunikationsmitteln führen, da es vergleichbare Vorschriften für die Probenahme vor Ort bereits gibt“.*[3] Die Vorschrift des § 43a LFGB stellt daher eine erforderliche Konkretisierung von Art. 36 VO (EU) 2017/625 dar.

Außerdem ist eine eigene nationale Vorschrift auch deshalb erforderlich, da nicht sämtliche Erzeugnisse des LFGB (wie Mittel zum Tätowieren, kosmetische Mittel und Bedarfsgegenstände i. S. v. § 2 Abs. 6 S. 1 Nr. 2-9 LFGB) überhaupt in den Anwendungsbereich der EU-Kontrollverordnung (vgl. Art. 1 VO (EU) 2017/625) fallen. Hier bedarf es daher zwingend einer eigenen nationalen Vorschrift, um auch bezüglich dieser Erzeugnisse eine anonyme Onlineprobenahme zu ermöglichen.

IV. § 43a LFGB – Vorstellung der Norm

Nachfolgend werden die wesentlichen Absätze der Vorschrift des § 43a LFGB, welche die Probenahme bei Erzeugnissen, die unter Verwendung von Fernkommunikationsmitteln angeboten werden, regelt, zusammenfassend erläutert.

Abs. 1 regelt zunächst die Befugnis der mit der Überwachung beauftragten Personen, Erzeugnisse zur Probenentnahme anonym im Internet zu bestellen.

3 Vgl. Gesetzesbegründung zum 4. LFGB-Änderungsgesetz, Drucksache 617/20, S. 3 u. 39.

In Abs. 2 ist die Pflicht zur Aufbewahrung einer Gegen- bzw. Zweitprobe geregelt. Die Aufbewahrung einer Gegen-/Zweitprobe ist erforderlich, um das Recht des Unternehmers auf ein zweites Sachverständigengutachten zu gewährleisten. Hierzu ist entweder ein Teil der Probe (= Gegenprobe) amtlich zu verschließen und aufzubewahren, oder, falls die Probe nicht sinnvoll oder sicher geteilt werden kann, ein zweites Stück (= Zweitprobe) unter bestimmten Voraussetzungen amtlich zu versiegeln und aufzubewahren. Hierdurch soll eine Gleichbehandlung zwischen stationärem Handel und Onlinehandel erreicht werden, da im stationären Handel gem. § 43 Abs. 1 S. 2 LFGB ebenso eine Gegen-/Zweitprobe beim Händler zurückzulassen ist.

Abs. 3 regelt die Pflicht der zuständigen Behörde, den Onlinehändler über die erfolgte Probenahme zu informieren. Eine Information des Herstellers ist seitens der zuständigen Behörde dagegen nur dann erforderlich, wenn dieser der Behörde auch bekannt ist. Ist der Hersteller der zuständigen Behörde nicht bekannt, so unterbleibt eine Information des Herstellers.

In Abs. 4 ist die Pflicht der zuständigen Behörde geregelt, die Gegen-/Zweitprobeprobe bei Anforderung des Herstellers auf dessen Kosten und Gefahr auszuhändigen.

Nach Abs. 5 ist die zuständige Behörde schließlich berechtigt, die Kosten für den Kaufpreis der amtlichen Probe inklusive der Versandkosten gegenüber dem Unternehmen, bei dem die Probe bestellt wurde, geltend zu machen. Die Vorschrift dient ebenfalls der Gleichbehandlung zwischen stationärem Handel und Onlinehandel.

B. Rechtliche Fragen in der Praxis

In dem zweiten Teil des Manuskripts werden zwei Rechtsfragen dargestellt, die sich dem Bayerischen Landesamt für Gesundheit und Lebensmittelsicherheit als für die anonyme Onlineprobenahme in Bayern zuständige Behörde gestellt haben.

I. Kaufpreisrückerstattung der Gegen-/Zweitprobe

Rechtliche Fragestellungen ergeben sich insbesondere bei der Kaufpreisrückerstattung der Gegen-/Zweitprobe.

Unstrittig ist zunächst, dass nach § 43a Abs. 5 LFGB der Kaufpreis für die eigentliche Probe sowie die Versandkosten (z. B. Porto für Lieferung von Onlinehändler an Behörde) durch die zuständige Behörde vom Online-Händler verlangt werden können. Zuständige Behörde ist hierfür in Bayern gem. § 1 Abs. 3 Nr. 8 GesVSV i. V. m. § 43a Abs. 5 LFGB das LGL. Fraglich ist aber, ob entweder nach § 43a Abs. 4 oder 5 LFGB auch der Kaufpreis für die Gegen-/Zweitprobe durch die zuständige Behörde gefordert werden kann.

Eine Geltendmachung des Kaufpreises für die Gegen-/Zweitprobe nach § 43a Abs. 4 LFGB gegenüber dem Hersteller scheidet aus. Im Rahmen von § 43a Abs. 4 LFGB ist „auf dessen Kosten" lediglich dahingehend zu verstehen, dass der Hersteller für die Kosten der Aushändigung der Gegen-/Zweitprobe (z. B. Versandkosten an Hersteller) aufzukommen hat.

Grundsätzlich muss es aber möglich sein, dass gem. § 43a Abs. 5 LFGB auch der Kaufpreis für die Gegen-/Zweitprobe durch die zuständige Behörde vom Onlinehändler verlangt werden kann. Hierfür spricht insbesondere der Gesetzeszweck von § 43a Abs. 5 LFGB. Bei einer Vor-Ort-Probenahme wird nämlich nach § 43 Abs. 4 LFGB für Proben keine Entschädigung geleistet. Um den Onlinehändler gegenüber dem konventionellen Unternehmer nicht besser zu stellen, wird der Unternehmer, bei dem das Erzeugnis bestellt wurde, nach Abs. 5 verpflichtet, der Behörde auf deren Verlangen den Kaufpreis sowie angefallene Versandkosten zu erstatten.[4]

Würde der Kaufpreis für die Gegen-/Zweitprobe nicht gem. § 43a Abs. 5 LFGB herausverlangt werden können, so würde dies in Fällen, in welchen seitens des Herstellers eine Aushändigung der Gegen-/Zweitprobe gem. § 43a Abs. 4 LFGB verlangt wird, zu einer Bevorzugung des Onlinehändlers gegenüber dem stationären Händler führen. Während der stationäre Händler die Gegen-/Zweitprobe gem. § 43

4 Vgl. Gesetzesbegründung zum 4. LFGB-Änderungsgesetz, Drucksache 617/20, zu Art. 1, zu Nr. 32.

Abs. 3 LFGB an den Hersteller aushändigen muss, ohne hierfür eine Entschädigung zu erhalten (§ 43 Abs. 4 LFGB), könnte der Onlinehändler den Kaufpreis für die Gegen-/Zweitprobe behalten. Um eine derartige Ungleichbehandlung von stationärem Händler und Onlinehändler zu verhindern, muss die zuständige Behörde grundsätzlich die Möglichkeit haben, nach § 43a Abs. 5 LFGB auch den Kaufpreis für die Gegen-/Zweitprobe vom Onlinehändler zu verlangen.

Anders wären aber Fälle zu beurteilen, bei welchen der Hersteller keine Aushändigung der Gegen-/Zweitprobe verlangt. Im stationären Handel wäre es dem Händler grundsätzlich möglich, die Gegen-/Zweitprobe nach Ablauf der Versiegelungsfrist noch weiter zu verkaufen (sofern noch möglich). Bei der Onlineprobenahme ist ein Weiterverkauf der Gegen-/Zweitprobe durch den Onlinehändler hingegen nicht möglich, da sich die Gegen-/Zweitprobe auch nach Ablauf der Versiegelungsfrist weiterhin im Zugriff der Behörde befindet. Wird in dieser Konstellation vom Onlinehändler gem. § 43a Abs. 5 LFGB der Kaufpreis für die Gegen-/Zweitprobe verlangt, so hätte dies eine Benachteiligung des Onlinehändlers gegenüber dem stationären Händler zur Folge.

Daher wird zunächst nur der Kaufpreis für die eigentliche Probe gem. § 43a Abs. 5 LFGB verlangt. Nur für den Fall, dass seitens des Herstellers die Aushändigung der Gegen-/Zweitprobe gefordert wird, wäre dann in einem weiteren Schritt der Kaufpreis der Gegen-/Zweitprobe vom Onlinehändler gem. § 43a Abs. 5 LFGB zu verlangen.

II. Übertragbarkeit der „Härtefallregelung" des stationären Handels (§ 43 Abs. 4 S. 2 LFGB)

Darüber hinaus stellt sich auch die Frage, ob die „Härtefallregelung" des stationären Handels (§ 43 Abs. 4 S. 2 LFGB) auch auf den Onlinehandel übertragbar ist.

Grundsätzlich wird im stationären Handel gem. § 43 Abs. 4 S. 1 LFGB für Proben keine Entschädigung geleistet. Nach § 43 Abs. 4 S. 2 LFGB ist jedoch im Einzelfall eine Entschädigung bis zur Höhe des Verkaufspreises zu leisten, wenn andernfalls eine unbillige Härte eintreten würde. Eine vergleichbare Regelung, dass auch im Rahmen der

Onlineprobenahme auf die Kaufpreisrückerstattung gem. § 43a Abs. 5 LFGB durch die zuständige Behörde verzichtet werden kann, wenn die Geltendmachung für den Onlinehändler eine unbillige Härte darstellen würde, findet sich dagegen in § 43a LFGB nicht.

Es wird daher die Ansicht vertreten, dass der Rechtsgedanke des § 43 Abs. 4 S. 2 LFGB („Härtefallregelung") auch auf § 43a Abs. 5 LFGB entsprechend angewendet werden können muss. Die Gesetzesbegründung zum 4. LFGB-Änderungsgesetz enthält hierzu keine Ausführungen. Da die Erstattung nach § 43a Abs. 5 LFGB durch den Onlinehändler jedoch erst auf Verlangen der zuständigen Behörde zu erfolgen hat, kann aus Sicht des LGL bei derartigen Härtefällen auf die Geltendmachung des Erstattungsanspruchs ganz oder teilweise verzichtet werden. Dies scheint aus Verhältnismäßigkeitsgründen geboten. Auch würde ansonsten eine Benachteiligung des Onlinehändlers gegenüber dem stationären Händler erfolgen.

Tierärztliche Grenzkontrollstelle Hessen

Flughafen-Frankfurt/Main
Kontrolle des grenzüberschreitenden Online-Handels

Dr. Sandra Hesse-Wolf

Der Frankfurter Flughafen stellt mit jährlich inzwischen mehr als 2,5 Millionen Tonnen Fracht den größten Eingangsort für Tiere und Waren aus sog. Drittländern in die EU und ist damit die am höchsten frequentierte EU-Binnengrenze.

Die Tierärztliche Grenzkontrollstelle Hessen (TGSH) am Flughafen Frankfurt/Main ist von der EU-Kommission für alle Tier- und Warenarten zugelassen. Die TGSH am Flughafen Frankfurt/Main ist als Europas größte Grenzkontrollstelle insbesondere für die

- Veterinärkontrollen lebender Tiere bei Einfuhr, Durchfuhr und Ausfuhr,
- Veterinärkontrollen von Lebensmitteln und Futtermitteln bei Einfuhr und Durchfuhr,
- Kontrollen von Waren tierischen und nichttierischen Ursprungs, die nicht zum Verzehr dienen, bei der Einfuhr

zuständig.

Wenn ein Flugzeug aus einem nicht-EU-Mitgliedstaat kommend in Frankfurt landet, betreten nicht nur deren Passagiere erstmals Europäisches Hoheitsgebiet, auch Tiere und Waren aller Art, wodurch sowohl die Menschen wie auch Tiere und Waren automatisch der Zollkontrolle unterliegen.

Die Reisenden müssen sich dann zwischen dem roten und dem grünen Durchgang entscheiden, das heißt, ob sie etwas zur Zollkontrolle anzumelden haben oder nicht. Und da dies Tieren und Waren nicht möglich ist, gibt es hierfür die sog. „Verantwortlichen Personen für die Sendung in der EU", die diese Sendungen beim Zoll anmelden müssen. Das sind entweder die transportierenden Airlines wie z. B. die Lufthansa oder die ortsansässigen Speditionen oder auch die End-Empfänger der Sendung selbst.

Das bedeutet also, dass jede Sendung, die nicht aus einem EU-Mitgliedstaat stammt, von dieser „Verantwortlichen Person für die Sendung in der EU“ entsprechend einem spezifischen Nummern-Code – dem sog. Warentarif-Code – beim Zoll in Frankfurt angemeldet werden müssen. Bei diesen Zahlen-Codes handelt es sich sozusagen um Artikel-Nummern, anhand derer die Zollbehörde die steuerrechtlichen Abgaben berechnet, denn das Erheben von Zöllen ist ja bekanntlich die ureigene Aufgabe der Zollbehörden. Die Sendung wäre damit erstmal angemeldet und eintarifiert. Anhand dieser Eintarifierung und der von der anmeldenden Person beabsichtigten weiteren Verwendung der Ware darf die Zollbehörde gemäß Artikel 58 Zollkodex über den weiteren Weg der Sendung frei entscheiden. Allerdings darf sie dies nur dann, wenn auch sichergestellt ist, dass die angemeldeten Waren/Tiere keinen Verboten und Beschränkungen unterliegen, die im Rahmen von Schutzmaßnahmen, die zum Schutze der Gesundheit und des Lebens von Mensch, Tier, Pflanze und Umwelt von der EU erlassen wurden und somit keine weiteren Behörden in die Entscheidung über den weiteren Weg der Sendung einbezogen werden müssen. Folglich stellt die zollamtliche Überwachung auch gleichzeitig die Beachtung dieser Vorschriften sicher.

Und auf diesem Weg kommt auch meine Behörde zu ihrer Arbeit, denn die EU-Kommission hat mit zahlreichen Schutzmaßnahmen unter anderem bezüglich der Einfuhr von bestimmten Lebensmitteln aus bestimmten Drittländern und nicht zuletzt mit der Kontrollverordnung VO (EU) 2017-625 und den damit verbundenen Rechtsakten eine Vielzahl von Vorschriften (derzeit ca. 230 Regelungen!) erlassen, welche meine Behörde als EU-Grenzkontrolle am Frankfurter Flughafen direkt betreffen.

Daraus resultieren äußerst vielschichtige Zuständigkeiten für meine Behörde, welche neben den lebenden Tieren und Lebensmitteln auch die Kontrolle von Futtermitteln, tierischen Nebenprodukten, Lebensmittelkontaktmaterialien und Bedarfsgegenständen vorsieht.

Die Tierärztliche Grenzkontrollstelle am Frankfurter Flughafen fungiert sozusagen als Eingangstor, durch das eine Sendung nur dann in die EU freigelassen werden darf, wenn sie allen Vorschriften der EU genügt. Genügt die Sendung den Vorschriften nicht, schließen wir dieses Tor, und die Sendung muss umgehend den Flughafen wieder auf dem Luftweg in das jeweilige Versanddrittland oder ggf. auch in ein anderes Drittland verlassen oder wird direkt vor Ort der Vernichtung zugeführt. Eine sichere Schranke also, um mögliche Gesundheitsgefahren für die EU vorzubeugen, was ja stets die originäre Aufgabe an der TGSH ist und bleibt.

Zur Bewältigung dieser stetig steigenden Anzahl an Aufgaben und vor allem auch in Anbetracht der außerordentlichen Bedeutung des Wirtschaftsstandortes Frankfurt/Main ist die Tierärztliche Grenzkontrollstelle Hessen an 365 Tagen im Jahr im Mehrschicht-System von 06:30 Uhr bis 22 Uhr für die Verbraucher und Verbraucherinnen, die Importeure und Importeurinnen und Flugreisende geöffnet. Diese Flexibilität gewährleistet allen Beteiligten eine zeitnahe Abfertigung Ihrer Sendungen und vermeidet somit zusätzliche kostenaufwendige Aufenthalte in Zolllagern am Flughafen.

Einfuhrkontrollen betreffen zum einen Sendungen, welche als Fracht über einen Luftfrachtbrief (Airwaybill) versendet werden und im Frachtzentrum des Flughafens angeliefert werden, genauso wie zum anderen Sendungen, die im Fernabsatz von Verbraucherinnen und Verbrauchern im Drittländern erworben und via DHL Post im Internationalen Postzentrum (IPZ) oder aber via diverser Kurierdienste in deren Lagern angeliefert und von dort aus direkt ausgeliefert werden.

Im Rahmen der Kontrolle der letztgenannten Sendungen hat meine Behörde am Flughafen eine Doppelfunktion inne – wir haben sozusagen zwei Hüte (Zuständigkeiten) auf: wir fungieren zum einen als Kontrollbehörde für EU-grenzkontrollstellpflichtige Einfuhrsendungen, zum anderen sind wir auch die national zuständige Behörde im Rahmen der amtlichen Marktkontrolle für Sendungen mit Bestimmungsorten in Deutschland, die nicht unmittelbar unter Verbote und Beschränkungen bei der Einfuhr fallen und somit auch nicht der Grenzkontrollstellpflicht unterliegen.

Und gerade diese Veterinäramts-Funktion der Tierärztlichen Grenzkontrollstelle am Flughafen ist v. a. im Hinblick auf den Online-Handel so entscheidend, da für diesen Warenverkehr nach Grenzübertritt bekanntlich keinerlei Handelsstufe innerhalb Deutschlands mehr existiert, d. h. die Ware wird dem Empfänger i. d. R. direkt zugestellt. Der Kunde/die Kundin erwirbt diese also nicht über ein Ladengeschäft in der Fläche, welches der Kontrolle der vor Ort zuständigen Veterinärbehörden unterliegen würde. Daraus resultiert unsere Funktion als amtliche Marktüberwachungsbehörde bei der Kontrolle des grenzüberschreitenden Online-Handels bei Sendungen mit Endbestimmungsorten in Deutschland.

Zur Verdeutlichung dieser zwei Funktionen stelle ich das Beispiel Schneckenschleim vor:

Schneckenschleim wird von lebenden Schnecken produziert und gilt als tierisches Nebenprodukt. Der Schleim kommt als Rohmaterial in Großgebinden (Kanister) zum Beispiel aus Südkorea nach Frankfurt. Als Erzeugnis tierischen Ursprungs unterliegt dieses Produkt der Einfuhrkontrolle an einer EU-Grenzkontrollstelle. Kommt dagegen das endverbraucherabgabefertig in Dosen konfektionierte Kosmetikum (hier: Creme) aus Südkorea, welche als Bestandteil u. a. auch Schneckenschleim enthält, ist diese nicht vorführpflichtig an einer EU-Grenzkontrollstelle, da es mit der VO (EU) 1223-2009 bereits eine produktspezifische EU-Rechtsetzung gibt, die u. a. auch die Einfuhr von kosmetischen Mitteln reglementiert. Damit wird eine von der EU-Kommission unerwünschte Doppel-Reglementierung von Waren vermieden. Ist dieses Endprodukt allerdings für den deutschen Markt bestimmt, fällt es unter die amtliche Marktkontrolle, die zweite Zuständigkeit der Tierärztlichen Grenzkontrollstelle Hessen. Zu kontrollieren ist hier allem voran zunächst die Kennzeichnung, welche durch die EU-Kosmetik-Verordnung vorgegeben wird. In den meisten Fällen kommt es hier bereits aufgrund fehlender Angaben auf den Verpackungen zu einer Beanstandung der Sendung.

Kleinsendungen aus dem Fernabsatz kommen am Frankfurter Flughafen in sehr großen Mengen an – allein im Internationalen Postzentrum (IPZ) werden täglich bis zu 40.000 Sendungen gezählt.

Auch diese Sendungen müssen dem Zoll angemeldet werden – hier sind die Verantwortlichen für die Sendungen allerdings nicht die Fluglinien oder großen Spediteure, sondern die hier verantwortlichen Transporteure der Sendungen, in aller Regel die Deutsche Post DHL und diverse Kurierdienste.

Die aktuelle Durchführung von amtlichen Kontrollen sogenannter Kleinsendungen durch die TGSH am Frankfurter Flughafen stellt sich wie folgt dar:

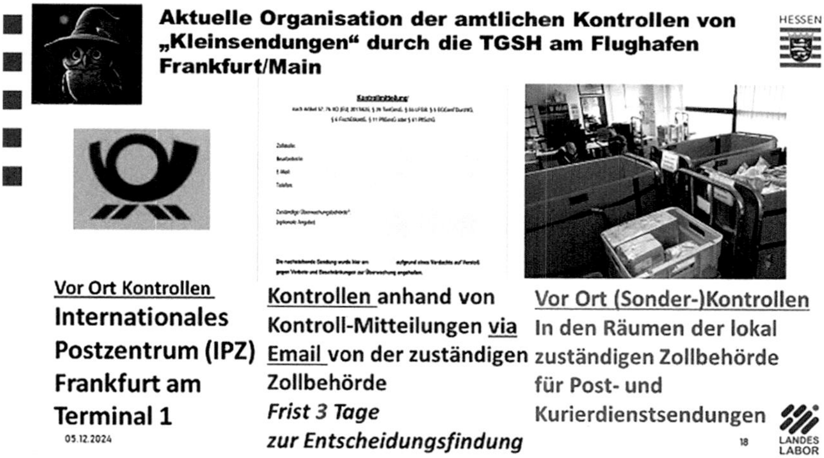

Besonders im Fokus der Kontrollen stehen vor allem Nahrungsergänzungsmittel, welche auf den Online-Plattformen mit den besonderen Wirkungen ihrer Produkte werben, die jedoch zumeist nur durch Zugabe von bestimmten Inhaltsstoffen erreicht werden, die aufgrund ihrer Zusammensetzung entweder bereits nachgewiesen gesundheitsschädlich oder zumindest als bedenklich einzustufen sind.

Beispiele hierfür sind sog. Schlankheitskaffees („Slimming Coffees“). Hier entfaltet der zugesetzte pharmakologisch wirksame Inhaltsstoff Sibutramin eine appetitzügelnde Wirkung. Deklariert wird dieser zugesetzte Wirkstoff auf den Packungen allerdings nicht, so dass die mögliche Gesundheitsgefahr den Verbraucherinnen und Verbrauchern gar nicht bewusst gemacht wird.

Ein weiteres Beispiel sind Nahrungsergänzungsmittel, welche mit einer potenzsteigernden Wirkung beim Mann werben, und dabei nur harmlose „natürliche" pflanzliche Inhaltsstoffe angeben. Tatsächlich enthalten ist in einigen dieser Produkte Sildenafil, derselbe Wirkstoff, welcher auch in verschreibungspflichtigen Arzneimitteln wie „Viagra" enthalten ist.

Diese nicht deklarierten Inhaltsstoffe wurden in zahlreichen Untersuchungen nicht nur in unseren hessischen Laboren nachgewiesen; auch in anderen Bundesländern gab es zahlreiche Probenahmen mit gleichen Untersuchungsergebnissen. Und obwohl all diese Ergebnisse auch öffentlich gemacht wurden, ist die Nachfrage zu derartigen Produkten ungebrochen.

HESSEN

Kontrolle des Internethandels:

Produktgruppe	Proben gesamt	Proben beanstandet	nachgewiesene Substanzen	Mögliche Nebenwirkungen
Nahrungsergänzungsmittel	178	63%	Sibutramin, Didesmethyl-Sibutramin, Phenolphthalein, Sildenafil, Tadalafil, DMAA, Yohimbin-HCl, Synephrin, Methylsynephrin, Octopamin, Coffein, Ephedrin	Herz-Kreislauf-Schwäche, Herztod
Wasserpfeifentabak	60	90%	Glycerin, 1,2-Propandiol	Schleimhautreizung, Krebserkrankung
Tätowiermittel	133	61%	Schwermetalle, PAK, Azofarbstoffe	Allergie, Krebserkrankung
Babyschuhe	25	16%	Chrom, Azofarbstoffe	Krebserkrankung

05.12.2024 Ergebnisse (2011-2015)

LANDES LABOR

Im aktuellen Tagesgeschäft fallen zunehmend auch Produkte auf, die auf diversen Social-Media-Plattformen besonders angepriesen werden und damit immer wieder sehr kurzfristig neue Konsum-Trends auslösen. Dazu gehören vor allem Lebensmittel, die in bestimmter Art und Menge Inhaltsstoffe enthalten, die bei Konsumentinnen und Konsumenten psychosomatisch berauschende Wirkungen entfalten können und sich dadurch oft rasend schnell zu sog. „In-Drogen" entwickeln. Nur zu selten werden die auslösenden Wirkstoffe dabei von den Verbraucherinnen und Verbrauchern kritisch hinterfragt, immer nach dem Motto: „Wenn alle das nehmen, wird es mir auch mir nicht schaden".

Dazu zählt auch sogenannter „Mad Honey", der immer häufiger durch Zoll und Grenzbehörden sichergestellt wird. Dabei handelt sich es um eine besondere Art von Honig, der pharmakologisch wirksame Substanzen aus bestimmten Rhododendronarten enthält.

Schon seit der Antike ist bekannt, dass bestimmte Honigsorten von Rhododendronarten der türkischen Schwarzmeerküste halluzinogene Wirkungen entfalten können. Mit dem Honig vergiftete Feinde konnten griechischen Überlieferungen nach einfach überwältigt werden. Auch in Südasien, insbesondere Nepal und Mittelamerika sind Rhododendronarten bekannt, die in ihren Blüten, Blättern sowie Pollen und Nektar neurotoxische Wirkstoffe bilden. Die aus diesen Rhododendronarten gewonnen Honigsorten werden auch als Pontischer Honig oder Tollhonig bezeichnet.

Auslöser für die schon in der Antike beschriebenen Wirkungen des Mad Honey sind Grayanotoxine, die über den Pollen und den Nektar der Rhododendronblüte in den Honig gelangen. Diese als Grayanotoxin I bis III beschriebenen Substanzen unterscheiden sich sowohl in ihrer Toxizität als auch in ihrer Wirkung auf den Konsumenten. Sie lösen schon bei Aufnahme von kleinsten Mengen – weniger als 5 g Honig – zentralnervöse, gastrointestinale und kardiovaskuläre Beschwerden aus. Eine leichte Vergiftung zeigt sich in Bewusstseinsstörungen, übermäßigem Schwitzen, starker Übelkeit, Schwindel, abfallendem Blutdruck und einer Verlangsamung der Herzfrequenz. Je nach aufgenommener Menge kann es zu schweren Vergiftungen kommen, die ohne sofortige ärztliche Versorgung lebensbedrohlich verlaufen können.

Die Gefahr liegt dabei in der Aufnahme einer unbekannten Menge von Grayanotoxinen, je nachdem, ob der Honig durch Mischung mit anderen Sorten verdünnt wurde oder es sich um ein Primärprodukt handelt. Vergiftungsfälle mit türkischen Honigsorten zu Anfang der 2000er Jahre in der Schwarzmeerregion wurden darauf zurückgeführt, dass die Honige dort individuell von lokalen Imkern verkauft wurden. Hierdurch entfiel eine Verdünnung vorhandener Grayanotoxine durch Mischung mit Honigen anderer Herkunft.

Der Toxingehalt des Honigs ist außerdem abhängig von der Jahreszeit. Im Frühling gewonnener Honig enthält erfahrungsgemäß mehr Grayanotoxin als später im Jahr produzierter Honig. Ob die Grayanotoxine durch das Erhitzen bei der kommerziellen Honigherstellung zerstört werden, ist noch nicht geklärt. Bemerkenswert ist, dass die Grayanotoxine für die den Honig herstellenden Bienen ungefährlich sind.

In der Türkei wird Pontischer Honig als alternative Medizin gegen Schmerzen, Sodbrennen und als Aphrodisiakum genutzt. Andere Länder, wie z. B. Tibet, exportieren ebenfalls Grayanotoxin-haltigen Honig. Aber auch Honig, der an anderen Pflanzen gewonnen wurde, kann psychoaktive Substanzen enthalten: In Neuseeland wird aus dem Nektar der Tutapflanze ein Honig gewonnen, der Tutin und Mellitoxin enthält und schon bei Aufnahme von geringen Mengen zu Übelkeit und Erbrechen führen kann. Honig, der aus Lorbeerrosen gewonnen wurde, führt gelegentlich in den USA zu Vergiftungen.

Mittlerweile finden diese Honige über Angebote, die im Internet gemacht werden, ihren Weg auch in deutsche Haushalte. Häufig werden in den Beschreibungen gesundheitsfördernde Wirkungen angepriesen, die durch den Genuss von Grayanotoxin-haltigem Honig ausgelöst werden sollen. Auch die berauschende Wirkung wird unverhohlen angesprochen. Einige Anbieter weisen in ihren Shops auf mögliche Nebenwirkungen hin oder geben die Empfehlung ab, dass nur erwachsene Personen den Honig konsumieren sollten. Doch sind diese Einschränkungen immer wieder in untergeordneten Bereichen zu finden oder werden von den angeblich positiven Wirkungen eingerahmt.

Verzehrhinweise in den Artikelbeschreibungen der Shops sollen es den Kunden ermöglichen, den Honig gefahrlos zu konsumieren. Dabei bleibt aber unbeachtet, dass der Honig als Naturprodukt starke Schwankungen an Grayanotoxingehalten aufweisen kann. Die mögliche Abweichung ist gewaltig und kann je nach Wuchsort der Pflanzen, Erntezeitpunkt, Bodenbeschaffenheit und anderen Parametern stark variieren. Somit sind Verzehrempfehlungen und Mengenangaben wie „Messerspitze“ oder „Esslöffel“ ohne Wert und können im schlimmsten Fall zu massiven gesundheitlichen Beeinträchtigungen führen. Besonders Personen mit Vorerkrankungen oder Kinder gehen mit dem Verzehr von „verrücktem Honig“ ein hohes gesundheitliches Risiko ein.

Seit längerem verzeichnet die Tierärztliche Grenzkontrollstelle am Frankfurter Flughafen einen starken Anstieg von Importware an Pontischem Honig. So wurden in den ersten Monaten des laufenden Jahres bereits rund 140 Sendungen mit Mad Honey aus dem Verkehr gezogen. Vor allem die Warenbeschreibungen waren dabei häufig mangelhaft und ließen keine Rückschlüsse auf die Zusammensetzung des Honigs oder einen möglichen Gehalt an Grayanotoxinen zu.

Das Bundesinstitut für Risikobewertung rät in seinen Veröffentlichungen vom Genuss von Rhododendron-Honigen aufgrund der potentiell schädlichen Wirkungen durch erhöhte Grayanotoxingehalte ab.

Die Mitarbeiter des Hessischen Landeslabors – Tierärzte und Lebensmittelchemiker – warnen ebenso davor, die bestehende Import-Freigrenze von zwei Kilogramm Honig als Freibrief zu nehmen und aus den betreffenden Anbaugebieten selbst Honig nach Deutschland mitzubringen und dadurch die eigene Gesundheit zu gefährden. Sollte bei Kontrollen von Paketen im Internationalen Postzentrum oder im Reiseverkehr Mad Honey durch den Zoll entdeckt werden, muss dieser wegen des Risikos für den Verbraucher entnommen und vernichtet werden.

Aber leider werden auch zunehmend rechtliche Grauzonen genutzt, um bestimmte Produkte an die Verbraucherinnen und Verbraucher zu bringen.

„Kratom“ zum Beispiel wird gewonnen aus den Blättern des asiatischen Kratombaumes (Mitragyna speciosa) aus der Familie der Rötegewächse (Rubiaceae) und wird als Pulver angeboten, welches in erster Linie als Färbemittel für Haare, Kleidung, etc. beworben wird.

Besonders gefährlich werden diese Produkte, wenn sie auf dem Etikett zunächst als „natürliche Nahrungsergänzung“ beschrieben werden, gleichzeitig aber – meist räumlich an einer anderen Stelle platziert – den Hinweis enthalten „nicht zum Konsum geeignet“. Damit befindet sich der Hersteller mit diesen Aussagen in einer rechtlichen Grauzone und kann im Falle einer gesundheitlichen Beeinträchtigung nach dem Verzehr durch Konsumentinnen und Konsumenten nicht belangt werden.

Ein ähnlich gefährlicher Trend sind Süßwaren, welche das psychotrope Alkaloid Muscimol des Fliegenpilzes (Amanita muscaria) enthalten. Diese werden in Packungen mit jeweils 5 Gummibärchen zu je 3 Gramm angeboten. Dies ist auch dadurch besonders gefährlich, dass der Vertrieb bislang über Selbstbedienungsautomaten erfolgte und diese Gummibärchen somit auch Kindern zugänglich waren. Muscimol ist ein psychoaktiver Stoff, der eine tiefgreifende Wirkung bei Konsumentinnen und Konsumenten hervorruft. Der Verzehr eines einzelnen Gummibärchens führt zu der Aufnahme von etwa 5 mg Muscimol. Dies kann bereits zu Schwindel, leichten Bewegungsstörungen, Muskelkrämpfen und psychischer Stimulation mit anschließendem Tiefschlaf führen. Bei der Einnahme von 2 Gummibärchen – dies entspricht einer Dosis von 10 mg Muscimol – können sich diese Symptome deutlich verstärken. Noch höhere Dosen von etwa 15 mg führen zu Koordinationsstörungen, Verwirrung, Halluzinationen und möglicherweise aggressivem Verhalten. Die Produkte stellen insbesondere für Kinder eine Gefahr dar, da die Produkte leicht mit regulär erhältlichen Süßigkeiten verwechselt werden können.

Aber die Mitarbeiterinnen und Mitarbeiter der Tierärztlichen Grenzkontrollstelle werden nicht nur mit Lebensmitteln bedenklicher Art und Herkunft konfrontiert; der Online-Handel hat auch tierseuchenrechtlich äußerst bedenkliche Produkte zu bieten.

Ein besonders auffälliges Produkt ist in diesem Zusammenhang das Produkt „Hog Bomb", welches – in Spraydosen angeboten – als Lockstoff bei der Jagd auf Schwarzwild direkt in die Umwelt ausgebracht wird. Als Lockstoff fungiert hierbei der reine Urin von weiblichen Schweinen, welche sich gerade im Zustand höchster Paarungsbereitschaft befinden, und der somit unter anderem einen hohen Gehalt an Östrogenen enthält. Dadurch soll erreicht werden, dass paarungswillige männliche Wildschweine (Keiler) durch diesen Geruch gezielt an einen bestimmten Ort im Revier gelockt werden können, um dann direkt von den dort ansitzenden Jägerinnen und Jägern erlegt zu werden. Tierseuchenrechtlich besonders problematisch ist hierbei der Umstand, dass dieser Schweineurin unbehandelt ist, das heißt es erfolgt keinerlei Behandlung im Sinne einer mikrobiologischen Dekontamination. Dadurch besteht die Gefahr, mit diesem Urin Krankheitserreger in dem Gebiet der Ausbringung zu verbreiten, die dann wiederum von Wildtieren aller Art aufgenommen werden können. Aufgrund dieser Tatsache wurden diverse Produkte mit diesen Lockstoffen in den

Untersuchungseinrichtungen des Hessischen Landeslabors auf Krankheitserreger untersucht. Dabei wurden erschreckenderweise Erreger der Aujetzky'schen Krankheit gefunden, eine anmeldepflichtige hochansteckende Tierseuche, welche nicht nur die heimische Schweinepopulation bedrohen würde, sondern auch anderen Tierarten zum Verhängnis werden könnte. Infizieren sich beispielsweise Hunde durch die Aufnahme des Urins beim Schnüffeln auf dem Waldboden durch die Nase – besonders gefährdet sind daher nicht zuletzt die die Jägerinnen und Jäger begleitenden Jagdhunde – mit dem Erreger, verläuft die Krankheit immer tödlich für den Hund. Des Weiteren wurden in der untersuchten Probe Schweineurin auch die Erreger der Leptospirose gefunden. Auch hierbei handelt es sich um eine ansteckende Infektionskrankheit, für die diverse Tierarten empfänglich sind. Leider ist davon auszugehen, dass den meisten Anwenderinnen und Anwendern solcher Lockstoffe die davon ausgehenden Gefahren gar nicht bewusst sind.

Zudem soll im Rahmen dieses Vortrages noch auf ein weiteres von den Absendern oft nicht bedachtes Problem hingewiesen werden, nämlich dass der Versand von nicht dauerhaft haltbaren Lebensmitteln sowohl im Online-Handel, wie auch im privaten Bereich immer dann problematisch wird, wenn bestimmte äußere Umweltfaktoren wie Temperatur, Luftfeuchtigkeit, Parasitenbefall etc. die Qualität dieser Lebensmittel negativ beeinflussen, genauso wie auch der Faktor Zeit oftmals bei Aufgabe derartiger Sendungen am Abgangsort nicht bedacht wird. Nicht nur in Abhängigkeit vom Herkunftsland sind viele Pakete Wochen, sogar Monate lang zu ihrem Bestimmungsort unterwegs.

Was ich Ihnen heute zeigen wollte: Die Überwachung des Online-Handels am Frankfurter Flughafen ist eine schier unlösbare Aufgabe, wollte man sie zu 100 % erfüllen wollen.

Daher sind wir realistisch und freuen uns über die steigende Anzahl an nicht einfuhr- bzw. verkehrsfähigen Sendungen, die wir mit unseren amtlichen Kontrollen erfolgreich abfangen und damit aus der EU heraushalten können. Und mit jeder Systemverbesserung zur Erfassung von Sendungsinhalten steigen unsere Möglichkeiten, dieser Unmengen an Sendungen mit Dingen, die die Leute brauchen oder auch nicht brauchen, aber unbedingt haben wollen, Herr bzw. Frau zu werden.

Und wenn Sie das nächste Mal ein Produkt aus dem Nicht-EU-Ausland online bestellen und die Sendung dann aus völlig unerklärlichen Gründen doch nicht erhalten, vielleicht erinnern Sie sich an diesen Vortrag, und dass es vielleicht ganz gut so ist, dass sie diese Ware nicht erhalten haben.

Digitale Marktplätze in der Überwachung und im Wettbewerbsrecht

Dr. Martin Jaschinski

I. Einführung

Es gibt in Deutschland und Europa zahlreiche rechtliche Vorgaben für Lebensmittel. Einige Behörden und auch der Zoll tragen dafür Sorge, dass diese gesetzlichen Pflichten auch beachtet werden. Allerdings sind insofern die Kapazitäten begrenzt, sodass die Kontrolle nicht ausreichend ist.

Ein wichtiges Instrument zur Durchsetzung von rechtlichen Geboten und Verboten bleibt damit das Zivilrecht, also insbesondere die wettbewerbsrechtliche Verfolgung von Rechtsverstößen über Wettbewerber und Verbände. Das gilt insbesondere auch beim zunehmenden Vertrieb im Wege des E-Commerce.

Beim Handel über das Internet gibt es aber insofern die Besonderheit, dass viele Waren über digitale Plattformen wie Amazon verkauft werden. Deswegen kann nun nicht nur der Verkäufer, sondern – manchmal auch effektiver – der Plattformbetreiber bei Rechtsverstößen in Anspruch genommen werden. Insofern stellt sich aber die Frage, unter welchen Voraussetzungen das möglich ist.

Plattformbetreiber haben eine sehr große Einwirkungsmöglichkeit auf den Markt. Sie können, etwa durch die Festlegung der Reihenfolge von ausgewählten Produkten, maßgeblich beeinflussen, welche Anbieter beim Handel über Plattformen Erfolg haben und welche nicht. Diese große Marktmacht der digitalen Marktplätze hat dazu beigetragen, dass der deutsche und der europäische Gesetzgeber einen Regelungsbedarf gesehen haben und viele Normen geschaffen hat, die gerade für digitale Marktplätze gelten und für diese Pflichte, aber auch Rechte begründen. Wie viele neuere Gesetze aus Europa sind die Normen umfangreich, unübersichtlich und nicht widerspruchsfrei. Trotzdem ist es notwendig, sich auch über diese Regelungen einen Überblick zu verschaffen, wenn ein Lebensmittelhandel erfolgreich sein soll.

II. Bedeutung digitaler Plattformen

Der Umsatz im E-Commerce wird in Deutschland im Jahre 2024 ca. 88,3 Mrd. EUR betragen. Der Anteil davon, der über Plattformen erzielt wird, betrug 2023 71 % (davon entfiel mehr als die Hälfte auf den größten Anbieter Amazon).

Im Lebensmittelbereich vergrößerte sich der E-Commerce-Umsatz von 2014 (0,6 Mrd.) bis zum Jahr 2023 (3,7 Mrd. EUR) um über 600 %, mit weiter steigender Tendenz. Geht man im Lebensmittelhandel von einem vergleichbaren Plattformanteil aus wie im allgemeinen E-Commerce, wird auch insofern ein großer Umsatz über Plattformen erzielt. Das zeigte sich auch an einer aktuellen Stichproben-Recherche bei Amazon, bei der es Ende November 2023 zu den Suchbegriffen „Honig" und „Milch" über 6.000 Ergebnisse bzw. 976 Ergebnisse gab. Die größten digitalen Plattformen sind Amazon, real, Kaufland und (primär im Lebensmittelbereich) Lieferando und Wolt.

III. Begriff des digitalen Markplatzes

Da es in vielen verschiedenen Gesetzen Vorgaben zu digitalen Marktplätzen gibt, wird dieser Begriff (oder ähnliche Begriffe) auch an verschiedenen Stellen (mit unterschiedlicher Stoßrichtung) definiert, etwa in Art. 2 lit i) P2B-Verordnung, § 2 Abs. 1 Nr. 6 UWG oder in Art. 3 lit. i Digital Service Act (DSA). Die Definitionen sind nicht identisch, aber in den wesentlichen Punkten ähnlich. Charakteristisch für einen digitalen Marktplatz ist immer, dass es drei verschiedene Akteure gibt: Den Anbieter/Händler, den Käufer/Erwerber und den Marktplatzbetreiber. Zwischen allen drei Akteuren gibt es Rechtsbeziehungen: Zwischen dem Händler und dem Abnehmer den Erwerbsvertrag, zwischen dem Händler und dem Marktplatzbetreiber den Plattformvertrag, der u. a. Pflichten des Händlers begründet (z. B. zur Zahlung einer Provision von ca. 5 bis 15 % für die Vermittlung der Verträge), und zwischen Marktplatzbetreiber und Abnehmer u. a. die Nutzungsbedingungen für die Plattform.

Kein digitaler Marktplatz liegt vor, wenn der Marktplatzbetreiber selbst der Händler ist. Auch Suchmaschinen sind keine digitalen

Marktplätze, weil bei diesen häufig keine vertraglichen Beziehungen zwischen den Akteuren bestehen. Häufig gibt es Hybrid-Modelle, d. h. Plattformbetreiber verkaufen als Händler einerseits eigene Produkte (und haften dann wie normale Händler), und vermitteln daneben auch Produkte Dritter (agieren dann als Plattform). Deswegen muss zunächst das Angebot genau untersucht werden, bevor vorschnell auf die Plattform-Regeln Zugriff genommen wird.

IV. Rechtspflichten für Plattformbetreiber

Die Rechtspflichten für Plattformbetreiber sind auf verschiedene Gesetzeswerke verteilt. Die wichtigsten Beispiele:

UWG (Gesetz gegen unlauteren Wettbewerb)

Gesetz gegen unlauteren Wettbewerb (UWG), vor allem:

- Irreführungsverbot, § 5 UWG
- Informationspflichten, §§ 5 a UWG
- Bewertungen, § 5 b Abs. 3 UWG
  - Information über Maßnahmen zur Prüfung der Echtheit, § 5 b Abs. 3 UWG
  - Keine Irreführung über Echtheit
- Ranking: Ranking-Kriterien
- § 3 a UWG: Vorsprung durch Rechtsbruch

DSA (Digital Service Act):

Der DSA gilt seit Februar 2024. Er bezweckt den Schutz der Nutzerinnen und die Schaffung eines einheitlichen Rechtsrahmens für Unternehmen für Vermittler.

Wichtige Verhaltensgebote und –verbote für Plattformen sind etwa:

- Art. 25: Verbote von Maßnahmen, die Entscheidungsfreiheit beeinträchtigen („Dark Patterns“)
- Art. 26: Kennzeichnung von Werbung
- Art. 27: Transparenz bei Empfehlungssystemen

- Art. 28: Schutz Minderjähriger
- Transparenzpflichten, u. a. Art. 29 ff.

P2B-Verordnung (EU-Verordnung zur Förderung von Fairness und Transparenz für gewerbliche Nutzer von Online-Vermittlungsdiensten und Online-Suchmaschinen)

Die P2B-Verordnung gilt seit 2020. Sie bezweckt primär den Schutz von Händlern, die auf Plattformen angewiesen sind.

Wichtige Regelungen sind insofern:

- Anforderungen für AGB (Art. 3, 8)
- Informationspflichten für Rankings (Art. 5), bei Nebenwaren
- (Art. 6), bei Ungleichbehandlungen von eigenen und fremden Angeboten (Art. 7) u. a.
- Einrichtung eines internen Beschwerdemanagements, Mediation (Art. 11 – 13)
- Anforderungen für Einschränkung, Unterbrechung und Beendigung von Geschäftsbeziehungen (Art. 49)

Digital Markets Act (DMA)

Der DMA (weitgehend anwendbar seit Mai 2023) enthält besondere Regelungen für die besonders großen Plattformen (Gatekeeper), wie etwa:

- Verbot der Bevorzugung eigener Angebote bei Rankings
- Verbot von Meistbegünstigungsklauseln
- Vorgaben für die Förderung von Händlern bei der Nutzung der Plattform

Spezialgesetze

Auch in Spezialgesetzen sind Vorschiften zu Plattformen enthalten. So ist etwa in der Produkthaftungs-Richtlinie (EU) 2024/2853 eine subsidiäre Haftung des Plattformbetreibers vorgesehen, wenn über die Plattform Produkte aus dem Nicht-EU-Ausland vertrieben werden und kein Händler aus der EU dazwischengeschaltet ist.

V. Haftung von Plattformbetreibern

Ein Plattformbetreiber haftet unbeschränkt für eigene Handlungen und eigene Inhalte. Eine Haftungsbeschränkung kommt nur für fremde Handlungen (etwa Inhalte von Händlern) unter engen Voraussetzungen in Frage. Die Abgrenzung zwischen eigenen und fremden Inhalten ist häufig schwierig, da Plattformbetreiber diese Handlungen nicht immer eindeutig trennen.

Auch für fremde Inhalte kann ein Plattformbetreiber unter bestimmten Voraussetzungen haften. Exemplarisch soll das an einer neuen Entscheidung des OLG Frankfurt a. M. vom 21.12.2023 dargestellt werden (6 U 154/22):

Bei Amazon gab es diverse Händlerangebote für Milchersatzprodukte, die als „Hafermilch", „Sojamilch" und „Reismilch" bezeichnet wurde. Die Benennung dieser Produkte als „Milch" stellt einen Verstoß gegen Art. 78 Abs. 2 VO (EU) Nr. 1308/2013, Anhang VII, Teil 3 dar, da die genannten Produkte kein Ergebnis einer „Eutersekretion" sind und auch keine zugelassene Ausnahme vorliegt (wie etwa bei Kokosmilch).

Die Wettbewerbszentrale forderte deswegen Amazon unter Benennung der Verstöße (sogenannter „notice-and-take-down-Hinweis") auf, konkrete benannte Angebote mit diesen Bezeichnungen zu sperren und Wortfilter einzusetzen, damit auch zukünftige Verstöße vermieden werden. Dem kam Amazon nicht nach, sodass es ein Klageverfahren gab.

Das OLG Frankfurt wies in seiner Entscheidung darauf hin, dass es bis zum notice-and-take-down-Hinweis keine Haftung von Amazon gab. Das änderte sich dann aber durch die Nichtreaktion auf den Hinweis, da durch diesen eine wettbewerbsrechtliche Verkehrspflicht begründet wurde (Grundlegend: BGH, GRUR 2007, 890 – Jugendgefährdende Medien bei eBay). Denn durch die Plattform wurde eine Gefahrenquelle geschaffen, die die Pflicht begründete, Rechtsverstöße im Rahmen des Möglichen und Zumutbaren zu begrenzen. Ab Inkenntnissetzung über den rechtswidrigen Inhalt wurde der Rechtsverstoß erkennbar und damit eine Pflicht zur Sperrung des konkret benannten Produkts begründet.

Allerdings stellte sich für den Senat die Folgefrage, ob Amazon nur die konkret benannten Seiten sperren musste oder auch eine Pflicht begründet wurde, gleichartige Angebote zukünftig zu verhindern. Insofern war nach Auffassung des OLG Frankfurt eine Interessenabwägung notwendig, bei der die Interessen der Plattformbetreiber, die Interessen anderer Milchersatzprodukt-Händler (Gefahr des „Overblockings"), aber auch die Interessen der beeinträchtigten Anbieter (hier der Anbieter von echten Milchprodukten) berücksichtigt werden mussten. Im konkreten Fall ging das OLG Frankfurt davon aus, dass die Interessen der letztgenannten Gruppe überwiegen und eine Sperrpflicht gegeben ist, da der Rechtsverstoß nach Auffassung des Senats einfach zu erkennen war, Wortfilter einfach gesetzt werden können und Rechtsverstöße ansonsten nicht effektiv bekämpft werden können.

Nach Art. 6 ff. DSA (früher vgl. § 10 TMG/Art. 14 E-Commerce-Richtlinie) kann eine Haftung des Plattformbetreibers ausgeschlossen sein, wenn der Plattformanbieter

– den Verstoß nicht kennt <u>und</u>

– nach Inkenntnissetzung zügig tätig wird (Sperre/Entfernen).

Diese Voraussetzungen sind allerdings ähnlich wie die haftungsbegründenden Voraussetzungen, sodass die Prüfung bei Haftungsbegründung und Haftungsbegrenzung im Wesentlichen nach demselben System verläuft.

Ein Haftungsausschluss scheidet auf jeden Fall aus bei einer aktiven Rolle bzw. einem Zueigenmachen durch den Plattformbetreiber, etwa bei einer Hervorhebung fremder Inhalte oder werbenden Kommentaren durch den Plattformbetreiber, bei einer Einstellung der Inhalte durch Mitarbeiter/Beauftragte des Plattformbetreibers (Art. 6 Abs. 2 DSA) und bei Verbraucherverträgen nach einer Verschleierung der Händlereigenschaft (Art. 6 Abs. 3 DSA) (vgl. hierzu auch EuGH, WRP 2020, 707 – Coty; EuGH WRP 2023, 166 – Louboutin).

Nach Art. 8 DSA gibt es keine Pflicht zur gezielten Suche nach Rechtsverstößen, Art. 8 DSA. Sucht ein Unternehmen trotzdem gelegentlich freiwillig, darf es nicht gegenüber untätigen Unternehmen benachteiligt werden, Art. 7 DSA.

VI. Besondere Pflichten der Plattformbetreiber nach der DSA

Plattformen müssen zudem ein Melde- und Abhilfeverfahren einrichten, Art. 16 DSA.

Eine Meldung bewirkt, dass von einer Kenntnisnahme auszugehen ist, wenn sie es bei der gebotenen Sorgfalt ermöglicht, ohne eingehende rechtliche Prüfung festzustellen, dass die einschlägige Tätigkeit oder Information rechtswidrig ist. Nach einer Sperrung ergeht eine Sperrbenachrichtigung an einen gesperrten Nutzer (Art. 17 DSA), wodurch auch ermöglicht wird, dass dieser sich bei einem Overblocking wehren kann.

Bei Verdacht einer Straftat besteht eine Pflicht zur Meldung an Strafverfolgungs- oder Justizbehörde.

Zudem sind auch viele verfahrensrechtlichen Regeln vorgesehen, etwa die Pflicht zur Einrichtung eines internen Beschwerdemanagements, Art. 20 DSA, zur Teilnahme an außergerichtlicher Streitbeilegung, Art. 21 DSA, und zur Sperre von Wiederholungstätern und Querulanten, Art. 23 DSA.

VII. Haftung für Affiliates

Häufig lassen Plattformbetreiber (z. T. ohne dass es die Händler wissen) über Affiliates für Angebote von Händlern werben. Diese schalten dann etwa eigene Vergleichsseiten, in denen die Angebote gelobt werden und Links auf die Angebote gesetzt werden. Bei Vermittlung von Kunden erhalten die Affiliates vom Plattformbetreiber eine Affiliate-Vergütung. Es stellt sich die Frage, ob der Plattform-Betreiber auch für diese Affiliate-Inhalte haftet, zumal ein Vorgehen gegen die Affiliates häufig nicht möglich ist (da diese häufig nur Fake-Adressen angeben).

Eine Zurechnung des Verhaltens von Affiliates ist grundsätzlich gegeben, wenn der Plattformbetreiber die Affiliates und ihre Seiten prüft (§ 8 Abs. 2 UWG), BGH, WRP 2009, 1520 ff. – Partnerprogramm. Eine Zurechnung nach § 8 Abs. 2 UWG soll aber dann ausscheiden, wenn ein Affiliate seine Seiten in eigenem Interesse und eigener Verantwortung gestaltet (BGH, WRP 2023, 437 ff. – Haftung für Affiliates). Das wenig überzeugende Ergebnis spielt aber dann keine Rolle mehr, wenn der Plattformbetreiber über den rechtwidrig agierenden Affiliate in Kenntnis gesetzt wird und auch anschließend weiter Affiliate-Provisionen für die Vermittlung von Kunden zahlt.

VIII. Sanktionen bei Rechtsverstößen der Plattformbetreiber

Wenn eine Haftung des Plattformbetreibers in Frage kommt, ist – wie gesagt – ein zivilrechtliches Vorgehen von Wettbewerbern, Verbänden etc. möglich. Auch können Nutzer u. U. auch Schadensersatzansprüche geltend machen.

Neben diesen zivilrechtlichen Sanktionen sehen die neuen europäischen Verordnungen auch noch eine größere öffentlich-rechtliche Kontrolle vor, mit der in Deutschland im Wesentlichen die Bundesnetzagentur beauftragt ist. Die BNetzA kann bei Verstößen gegen DSA u. a. europäischen Regelwerken einerseits Verbotsverfügungen erlassen, andererseits aber auch hohe Bußgelder (bei DSA-Verstößen etwa: bis zu 6 % des Jahresumsatzes) festsetzen.

Autoren und Herausgeber

Dr. Lisa Feuerhake, Rechtsanwältin, ZENK Rechtsanwälte, Berlin

Dr. Frederik Fiekas, Rechtsanwalt, Möhrle Happ Luther Rechtsanwaltsgesellschaft mbH, Hamburg

Britta Friemel, Bayerisches Landesamt für Gesundheit und Lebensmittelsicherheit, Oberschleißheim

Peter Hahn, Rechtsanwalt Legal and Public Affairs, Handelsverband für Heil- und Mineralwasser e. V., Berlin

Dr. Sandra Hesse-Wolf, Amtstierärztin, Fachtierärztin für das öffentliche Veterinärwesen, stellvertretende Fachgebietsleiterin im Kontrollzentrum Perishable Center der Tierärztlichen Grenzkontrollstelle, Flughafen Frankfurt/Main

Dr. Martin Jaschinski, Rechtsanwalt, JBB Rechtsanwälte Jaschinski Biere Brexl Partnerschaft mbB, Berlin

Prof. Dr. Achim Spiller, Marketing für Lebensmittel und Agrarprodukte, Georg-August-Universität Göttingen

Dr. Petra-Alina Unland, Abteilungsleiterin internationales Lebensmittelrecht, Dr. Oetker Nahrungsmittel KG, Bielefeld